全国工会干部培训基础教材

工会社会联络工作概论

全国工会干部培训基础教材编写委员会◎编

中国工人出版社

图书在版编目（CIP）数据

工会社会联络工作概论 / 全国工会干部培训基础教材编写委员会编 .—
北京：中国工人出版社，2023.3
ISBN 978-7-5008-8099-8

Ⅰ . ①工…　Ⅱ . ①全…　Ⅲ . ①工会工作 – 中国 – 干部培训 –
教材　Ⅳ . ① D412.6

中国国家版本馆 CIP 数据核字（2023）第 025708 号

工会社会联络工作概论

出 版 人	董　宽
责任编辑	陈晓辰　董芳璐
责任校对	张　彦
责任印制	栾征宇
出版发行	中国工人出版社
地　　址	北京市东城区鼓楼外大街45号　邮编：100120
网　　址	http://www.wp-china.com
电　　话	（010）62005043（总编室） （010）62005039（印制管理中心） （010）62382916（工会与劳动关系分社）
发行热线	（010）82029051　62383056
经　　销	各地书店
印　　刷	北京市密东印刷有限公司
开　　本	660毫米×960毫米　1/16
印　　张	14.25
字　　数	173千字
版　　次	2023年3月第1版　2024年12月第4次印刷
定　　价	35.00元

全国工会干部培训基础教材
编写委员会

团结动员亿万职工
为全面建设社会主义现代化国家
贡献力量（代序）

王东明

党的二十大是在全党全国各族人民迈上全面建设社会主义现代化国家新征程、向第二个百年奋斗目标进军的关键时刻召开的一次十分重要的大会，是一次高举旗帜、凝聚力量、团结奋进的大会，为新时代新征程党和国家事业发展、实现第二个百年奋斗目标指明了前进方向、确立了行动指南。必须深刻领会大会精神实质、把握核心要义、明确奋斗目标，在全面学习、全面把握、全面落实上下功夫，团结动员亿万职工在新征程上踔厉奋发、勇毅前行，为实现第二个百年奋斗目标贡献智慧和力量。

深刻领悟“两个确立”的决定性意义，把“两个维护”落实到工会工作各方面全过程

党的二十大在政治上、理论上、实践上取得了一系列重大成果。习近平同志在党的二十届一中全会上继续当选中共中央总书记，充分反映了全党全军全国各族人民的共同心愿和习近平总书记的崇高威望，充分展示了全党全国上下在以习近平同志为核心的党中央团结带领下战胜前进道路上一切风险挑战、开创美好未来的坚定信心和决心，是全党上下拥护“两个确立”、做到“两个维护”的生动实践和真实体现。

党的十八大以来，党和国家面临的形势之复杂、斗争之严峻、改革发展稳定任务之艰巨世所罕见、史所罕见，习近平总书记以高超的政治智慧、强烈的历史担当、卓越的领导能力和“我将无我，不负人民”的崇高境界，带领全党全军全国各族人民攻坚克难、砥砺前行，推动党和国家事业取得历史性成就、发生历史性变革。实践充分证明，新时代十年的伟大变革，根本在于有习近平总书记作为党中央的核心、全党的核心领航掌舵，在于习近平新时代中国特色社会主义思想的科学指引。“两个确立”是党在新时代取得的重大政治成果，是推动党和国家事业取得历史性成就、发生历史性变革的决定性因素。

习近平总书记高度重视工人阶级和工会工作，对工会坚持党的领导提出明确要求，强调工会工作做得好不好、有没有取得明显成效，关键看有没有坚持正确政治方向；坚持正确政治方向，一言以蔽之，就是要坚持中国共产党领导和社会主义制度；只有坚持党的领导，工会工作才能方向明确、不走偏路，才能做得有声有色、扎实有效；在坚持党的领导这个根本问题上，工会必须旗帜鲜明、立场坚定。回顾百年来党领导的现代工人运动史，我国工会坚定不移在党的领导下开展工作，与历史同步伐、与时代共命运，为党和国家事业发展作出了重要贡献。

党的十八大以来，全总和各级工会始终把坚持党的领导作为工会工作的最高政治原则和根本保证，把深入学习贯彻习近平新时代中国特色社会主义思想作为首要政治任务，健全学习新时代党的创新理论的制度性安排，准确把握其基本观点、核心要义、科学体系、根本要求；完善党组（党委）会议“第一议题”制度，第一时间传达学习、第一时间狠抓落实习近平总书记重要指示批示、党中央重大决策部署；完善向党中央请示报告重大事项制度，探索与省级党委协调推进工会工作的机制，完善全总定期听取省级工会工作报告和意见建议制度；以党的政治建设为统领加强党的各项建设，全面推进工会系统从严治党，营造风清气正的良好政治生态。党的十八大以来工会工作取得重要进展和新成效，根本在于始终坚持党对工会的领导，在于始终坚持以习近平新时代中国特色社会主义思想为指导。

当前，世界百年未有之大变局加速演进，新一轮科技革命和产业变革深入发展，国际力量对比深刻调整，我国发展进入战略机遇和风险挑战并存、不确定难预料因素增多的时期。面对严峻复杂的形势，最重要的就是要始终坚持“两个确立”，坚决做到“两个维护”，这是党在新时代十年伟大变革中积累的宝贵经验，是党和国家的前途命运所系、全国各族人民的根本利益所在，是党团结带领全国各族人民全面建设社会主义现代化国家、夺取新的伟大胜利的根本政治保证。新征程上，各级工会组织和广大工会干部必须深刻领悟“两个确立”的决定性意义，进一步增强“四个意识”、坚定“四个自信”、做到“两个维护”，坚定不移在思想上政治上行动上同以习近平同志为核心的党中央保持高度一致。坚持不懈强化理论武装，深刻把握习近平新时代中国特色社会主义思想的世界观和方法论，坚持运用贯穿其中的立场观点方法，切实用以指导实践、推动工作、破解难题。自觉同习近平总书记重要指示批示精神、重要论述、党中央决策部署要求对标对表，真正把拥护“两个确立”、做到“两个维护”体现在行动上，落实到工作中。面向基层和一线职工，广泛开展多种形式的宣传宣讲，推动“两个确立”更加深入人心、“两个维护”成为广大工会干部和职工群众的自觉行动。

引领职工听党话、跟党走，汇聚起亿万职工团结奋斗的磅礴力量

党的二十大立足新时代新征程的历史方位，深刻分析我国发展面临的形势和挑战，对全面建成社会主义现代化强国两步走战略安排进行了宏观展望，重点部署了未来5年的战略任务和重大举措，发出了为全面建设社会主义现代化国家、全面推进中华民族伟大复兴而团结奋斗的伟大号召。

习近平总书记强调，党和人民取得的一切成就都是团结奋斗的结果，团结奋斗是中国共产党和中国人民最显著的精神标识。团结才能胜利，奋斗才会成功。新时代十年，我们以奋发有为的精神把新时代中国特色社会主义推向前进，创造了一个个令人刮目相看的人间奇迹，靠的就是全党全国各族人民万众一心、勇往直前、团结奋斗。汇聚起亿万人民团结奋斗的磅礴伟力，离不开扎实有效的思想政治引领。通过卓有成效的思想政治引领，把亿万职工思想统一起来、共识凝聚起来、力量激发出来，工会重任在肩、使命在肩。

党的十八大以来，全总和各级工会认真履行引导职工群众听党话、跟党走的政治责任，把学习贯彻习近平新时代中国特色社会主义思想作为加强思想政治引领的第一位任务，通过理论宣讲、劳模宣讲、演讲比赛、知识竞赛等方式，把“大学习”的课堂搬到工厂车间、生产一线，推动习近平新时代中国特色社会主义思想进企业、进车间、进班组。加强对习近平总书记关于工人阶级和工会工作的重要论述的学习贯彻和研究阐释，推动重要论述在工会系统和广大职工中落地生根。深入开展“永远跟党走、奋进新征程”、“喜迎二十大、建功新时代”等系列宣传教育活动，培育和践行社会主义核心价值观，“中国梦·劳动美”的价值引领深入基层、扎根职工。大力弘扬劳模精神、劳动精神、工匠精神，组织劳模、工匠人才进校园、进企业，发布全国“最美职工”、“大国工匠年度人物”，努力营造劳动光荣的社会风尚和精益求精的敬业风气。加强重点领域重点群体职工思想政治工作，创新工作方式方法，强化网上思想引领，推动思想政治工作传统优势与信息技术深度融合，加强对职工的人文关怀和心理疏导，建设健康文明、昂扬向上、全员参与的职工文化。

全面建设社会主义现代化国家，是一项伟大而艰巨的事业，前途光明，任重道远，更加需要坚定信念、鼓舞斗志，更加需要同心同德、团结奋斗。新征程上，工会必须牢记“三个务必”，牢牢把握团结奋斗的时代要求，把巩固团结奋斗的共同思想基础作为思想政治引领的重要内容，不断创新职工思想政治工作，引导广大职工坚定中国特色社会主义道路自信、理论自信、制度自信、文化自信，不断增强对中国共产党领导和中国特色社会主义制度的政治认同、思想认同、情感认同，自觉把人生理想、家庭幸福融入国家富强、民族复兴的伟业之中，更加紧密地团结在以习近平同志为核心的党中央周围，坚定不移听党话、矢志不渝跟党走，为实现党的二十大确定的目标任务团结奋斗。

贯彻党的全心全意依靠工人阶级方针，组织动员亿万职工在新征程上建功立业

党的二十大报告指出，从现在起，中国共产党的中心任务就是团结带领全国各族人民全面建成社会主义现代化强国、实现第二个百年奋斗目标，以中国式现代化全面推进中华民族伟大复兴。这是站在历史和时代的高度，全面把握党和国家事业发展新要求、人民群众新期待，向全党全国各族人民发出的动员令。

习近平总书记强调，工人阶级是我国的领导阶级，是我国先进生产力和生产关系的代表，是我们党最坚实最可靠的阶级基础。我国工会是中国共产党领导的工人阶级群众组织，团结动员广大职工群众为实现党在不同历史时期确立的纲领、目标和中心任务而努力奋斗是工会的重要使命。新民主主义革命时期，工会按照党确立的符合当时形势的工运策略和活动方式，提高工人阶级的政治觉悟，动员工人群众开展各种形式的斗争，团结动员广大职工为实现民族独立、人民解放而奋斗；社会主义革命和建设时期，工会动员带领广大工人坚决响应党的号召，焕发国家主人翁精神，为建立和巩固人民当家作主的新政权、建立独立的比较完整的工业体系和国民经济体系而奋斗；改革开放和社会主义现代化建设新时期，工会坚持围绕中心、服务大局，团结动员广大职工为坚持和发展中国特色社会主义而奋斗。

党的十八大以来，全总和各级工会围绕国家重大战略、重大工程、重大项目、重点产业，组织职工广泛深入持久开展多种形式的主题劳动和技能竞赛，开展“小发明、小创造、小革新、小设计、小建议”等群众性创新活动；加强劳模、工匠和职工学习阵地建设，示范带动创建各级各类创新工作室8万多家；成功举办首届大国工匠创新交流大会，习近平总书记向大会致贺信；推荐多名一线工人获得国家科技进步奖，职工创新创造活力显著提升。扎实推进产业工人队伍建设改革，成立推进产业工人队伍建设改革工作领导小组，产业工人思想引领、建功立业、素质提升、地位提高、队伍壮大等改革措施有效落实，改革取得重要阶段性成效，产业工人在推进高质量发展中的主力军作用更加突出。

党的二十大擘画了以中国式现代化推进中华民族伟大复兴的宏伟蓝图，把宏伟蓝图变成美好现实，根本上要靠包括工人阶级在内的全体人民的劳动、创造、奉献。新征程上，工会必须牢牢把握为实现中华民族伟大复兴的中国梦而奋斗的我国工人运动时代主题，充分发挥工人阶级主力军作用，团结动员亿万职工为推进中国式现代化建功立业。围绕建设教育强国、科技强国、人才强国，深化产业工人队伍建设改革，抓好抓实职工素质提升工作，加快构建产业工人技能形成体系，推动健全落实高技能人才培养、使用、评价、激励、保障机制，畅通技能人才流动渠道，努力建设一支宏大的知识型、技能型、创新型产业工人大军，为推进中国式现代化提供坚实人才和技能支撑。

坚持以人民为中心的发展思想，扎实做好工会维权服务工作

党的二十大报告通篇贯穿人民至上的根本立场和以人民为中心的发展思想，强调“江山就是人民，人民就是江山”，强调“为民造福是立党为公、执政为民的本质要求”，对“增进民生福祉，提高人民生活品质”作出安排部署，充分体现了以习近平同志为核心的党中央矢志不渝、坚守初心的政治本色和深厚为民情怀，体现了我国社会主义制度的本质和优越性，顺应了历史发展大势和人民群众期盼。

习近平总书记指出，我们党的根本宗旨就是为人民群众办好事，为人民群众幸福生活拼搏、奉献、服务；要想人民之所想，行人民之所嘱，不断把人民对美好生活的向往变为现实；工会要认真履行维护职工合法权益、竭诚服务职工群众的基本职责，把服务职工、维护职工合法权益的大旗牢牢掌握在手中，哪里的职工合法权益受到侵害，哪里的工会就要站出来说话。扎实做好维权服务工作，是工会落实以人民为中心的发展思想、践行全心全意为人民服务根本宗旨的必然要求。

党的十八大以来，全总和各级工会认真履行基本职责，推动修改《中华人民共和国工会法》、《中国工会章程》，将工会基本职责拓展为“维护职工合法权益、竭诚服务职工群众”。助力落实“六稳”、“六保”任务，深入细致做好职工就业创业服务，推动就业优先战略和积极就业政策落实落地。以货车司机、网约车司机、快递员、外卖配送员等为重点，出台推进新就业形态劳动者建会入会和权益保障工作的指导性文件，大力推行“重点建、行业建、兜底建”模式，推进互联网百强企业建会，2021 年度全国互联网百强企业全部实现建会突破，工会组织覆盖和工作覆盖取得阶段性进展，推动解决了一批新就业形态劳动者的急难愁盼问题。做优做强送温暖、金秋助学、阳光就业、职工医疗互助、工会法律援助等工作，开展提升职工生活品质试点，将 20 家工会帮扶中心和 50 家企业（工业园区）纳入全总试点单位，各省（区、市）和新疆生产建设兵团总工会开展省级试点。加强服务职工阵地建设，建设“劳动者港湾”、“爱心驿站”等工会户外劳动者服务站点 10.58 万个，累计投入资金 18.66 亿元。将城市困难职工解困脱困作为重点工作，主动融入党政工作大盘子，通过建档立卡、精准施策、强化评估、压实责任等具体举措，推动 549.87 万户困难职工家庭全部如期实现解困脱困。贯彻落实党中央国务院《关于构建和谐劳动关系的意见》，推动健全党政主导的维权服务机制，努力把劳动关系矛盾化解在基层、化解在萌芽状态。贯彻总体国家安全观，坚决维护劳动领域政治安全，加强相关工作体系建设，健全劳动关系风险监测、分析、研判、预防机制和职工队伍稳定风险排查化解机制，促进职工队伍团结统一与社会和谐稳定。

党的二十大对保障和改善民生、扎实推进共同富裕作出重要部署，为工会围绕中心、服务大局，履行好维权服务基本职责提供了重要契机。新征程上，工会必须始终坚持以职工为中心的工作导向，不断深化自身改革和建设，保持和增强政治性、先进性、群众性，有效发挥党联系职工群众的桥梁纽带作用。积极参与涉及职工切身利益的法律法规政策的制定修改，推动健全劳动法律法规体系。推动落实就业优先政策，推动健全就业促进机制，加强困难群体就业兜底帮扶，推动完善工资平等协商机制、正常增长机制、支付保障机制，健全向一线职工倾斜的分配制度，推动提高劳动报酬在初次分配中的比重，在促进共同富裕中更好发挥工会作用。积极推动完善以职工代表大会为基本形式的企事业单位民主管理制度，依法保障职工知情权、参与权、表达权、监督权，在发展全过程人民民主中保障职工民主政治权利。加快构建以普惠性服务和精准帮扶为重点的工会服务职工体系，着力提升质量和实效。巩固拓展城市困难职工解困脱困成果，推动解困脱困与提升职工生活品质有效衔接，健全困难职工家庭常态化帮扶机制，不断提高职工群众的获得感、幸福感、安全感。增强忧患意识、坚持底线思维，发扬斗争精神、增强斗争本领，密切关注降薪裁员、欠薪欠保、劳资纠纷、生活困难等可能引发的突出风险，积极推进“法院+工会+人社+司法”四方联动机制建设，推动构建和谐劳动关系，在维护企业和社会大局和谐稳定中更好发挥工会组织作用。

党的二十大吹响了新时代新征程奋勇前进的号角。我们要进一步增强学习领会贯彻落实党的二十大精神的自觉性和坚定性，找准工会贯彻落实党的二十大精神的切入点、结合点、着力点，切实把党中央提出的战略部署转化为工会的实际行动，充分展示工会在推进中国特色社会主义事业中的新担当新作为。

（本文系全国人大常委会副委员长、中华全国总工会主席王东明同志在2022年12月16日《求是》杂志发表的署名文章）

目　录

CONTENTS

第一章　工会社会联络工作概述

工会社会联络工作是党的群众工作的重要组成部分，是工会工作的重要内容之一，是新时代工会组织增“三性”、去“四化”、推动自我改革创新的一项重大举措，是服务党和国家工作大局、服务职工群众的一项重要工作。

第一节　工会社会联络工作

一、工会社会联络工作的概念

工会社会联络工作是工会组织在中国共产党的领导下，充分发挥桥梁纽带作用，积极参与创新社会治理，联系引导劳动领域社会组织和新社会阶层人士、充分调动社会积极因素，及时回应职工意愿诉求、依法维护职工合法权益，有效化解劳动关系矛盾、维护职工队伍稳定和工会组织团结统一，不断巩固和扩大党执政的阶级基础和群众基础的一项重要工作。

工会社会联络工作是工会深入学习贯彻习近平新时代中国特色社会主义思想，贯彻落实中央党的群团工作会议精神，按照以习近平同志为核心的党中央关于以自我革命精神推进群团工作改革的要求，自觉服从服务党和国家工作大局，落实以人民为中心的工作导向，着力解决代表谁、联系谁、服务谁的问题，巩固和扩大党的阶级基础和群众基础的一项全新工作；是应对职工队伍特别是农民工队伍不断发展壮大、劳动领域社会组织快速兴起和劳动关系问题日益复杂多变的新形势、新要求，更好地发挥党联系职工群众的桥梁纽带作用、回应职工群众新期待的一项全新举措；是工会组织切实履行政治责任、积极主动参与社会治理的一项全新任务。做好工会社会联络工作，责任重大，使命光荣。

工会社会联络工作主要包括三个方面：一是联系引导劳动领域社会组织和新社会阶层人士；二是统筹协调有关各方，维护劳动领域政治安全，维护职工队伍稳定和工会组织团结统一；三是负责全国工会职工信访工作。工会社会联络工作是有机统一的整体，三项工作虽然自成体系，但又相互支撑、相辅相成。其主要目的在于：了解民情、化解矛盾，切实维护职工群众合法权益，不断巩固党执政的阶级基础；凝聚人心、汇聚力量，切实延长工会工作的手臂和链条，不断扩大党执政的群众基础，团结动员广大职工群众和积极的社会力量，为全面建设社会主义现代化国家、全面推进中华民族伟大复兴而团结奋斗。

二、工会社会联络工作的主要职责

工会社会联络工作主要有以下几个方面的职责。

一是加强对劳动领域社会组织的政治引领、示范带动、联系服务，接长手臂、形成链条、扩大影响，引导劳动领域社会组织健康有序发展；切实履行业务主管职责，引导和监督境外非政府组织依法依规开展境内工会工作领域活动。

二是加强对劳动关系矛盾新情况、新问题的调查研究、风险评估和会商研判；加强对职工队伍不稳定因素的监测和排查，推进源头治理劳动关系矛盾，及时有效化解劳动关系中出现的矛盾和问题，维护职工队伍稳定和工会组织团结统一，维护劳动领域政治安全。

三是为信访职工提供政策和法律咨询，做好说服和解释工作；了解信访职工反映的问题及意愿，及时向政府及其部门和有关方面反映，协调和推动有关问题的解决；根据信访职工反映的政策性问题，认真分析研究，提出完善法规政策、改进工作的建议。

第二节　做好新形势下工会社会联络工作的重要意义

工会开展社会联络工作，是新时代党中央赋予工会组织的一项重要政治任务，也是工会适应新形势新发展、积极主动作为、推进改革创新的重要部署。各级工会组织要深刻认识工会社会联络工作的重大意义，不断增强做好社会联络工作的责任感和紧迫感。

一、加强工会社会联络工作，是服务党和国家工作大局、履行工会政治责任的必然要求

习近平总书记在党的二十大报告中指出，当前，世界百年未有之大变局加速演进，新一轮科技革命和产业变革深入发展，国际力量对比深刻调整，我国发展面临新的战略机遇。同时，世纪疫情影响深远，逆全球化思潮抬头，单边主义、保护主义明显上升，世界经济复苏乏力，局部冲突和动荡频发，全球性问题加剧，世界进入新的动荡变革期。我国改革发展稳定面临不少深层次矛盾躲不开、绕不过，党的建设特别是党风廉政建设和反腐败斗争面临不少顽固性、多发性问题，来自外部的打压遏制随时可能升级。我国发展进入战略机遇和风险挑战并存、不确定难预料因素增多的时期，各种“黑天鹅”、“灰犀牛”事件随时可能发生。我们必须增强忧患意识，坚持底线思维，做到居安思危、未雨绸缪，准备经受

风高浪急甚至惊涛骇浪的重大考验。

具体到工会组织而言，防范化解劳动关系领域风险矛盾，维护劳动领域政治安全，维护职工队伍稳定和工会组织团结统一，是党中央赋予工会的政治任务。当前，我国经济发展稳中向好，党心、军心、民心空前团结凝聚，职工队伍和社会大局总体稳定。“安而不忘危、存而不忘亡、治而不忘乱。”我们也必须清醒地看到，当前劳动关系领域可预见、不可预见的风险挑战依然很多，新旧矛盾相互交织、网上网下相互交织、内外因素相互交织，维护职工队伍稳定和工会组织团结统一面临的形势依然复杂严峻。我们要站在巩固和扩大党的执政基础的高度，深刻认识加强工会社会联络工作的极端重要性，以务实有效的举措做好工作，最大限度地把职工群众团结在党的周围，切实履行好党中央赋予工会组织的政治责任。

二、加强工会社会联络工作，是适应劳动关系发展新情况新变化、履行工会基本职责的内在要求

随着经济社会的深刻变革，受产业结构调整、平台经济兴起、择业观念变化等因素影响，职工队伍发生了许多新变化：一是职工队伍内部结构多样，非公企业职工群体迅速扩大，农民工成为产业工人的主体，新就业形态劳动者成为职工队伍重要组成部分。随着职工队伍结构的变化，职工思想活动的独立性、选择性、多变性、差异性日益增强。二是部分职工社会归属感减弱，不满情绪有滋长趋势。由于贫富差距拉大、合法权益受到侵犯、社会诚信缺失、个别官员贪污腐败等现象的影响，一些职工工作、生活和心理压力加大，个人发展预期下降，滋生对社会不满情绪，对企业和社会缺乏归属感。三是职工自主意识和维权意识不断增强。新生代职工更加注重自我价值的实现，强烈关注自己的合法权益，对共享企业发展成果愿望趋强。

部分职工维权要求过高、表达诉求的方式过于激烈，增加了劳动关系矛盾化解工作的难度。与职工队伍变化相对应，当前劳动关系领域也出现了一些新情况，劳动关系主体更加多元，利益诉求更加复杂，劳动关系矛盾进入凸显期和多发期，劳动争议案件发生率居高不下，一些企业侵害职工权益现象仍较为突出，集体停工和职工群体性事件时有发生。各级工会要牢牢把握职工队伍和劳动关系的新情况、新发展、新变化，有针对性地、深入细致地开展社会联络工作，更好地服务党和国家的工作大局及工会工作全局。

三、加强工会社会联络工作，是工会参与创新社会治理、加强服务职工工作的重要举措

党的二十大报告明确提出健全共建共治共享的社会治理制度，提升社会治理效能。在社会基层坚持和发展新时代“枫桥经验”，完善正确处理新形势下人民内部矛盾机制，加强和改进人民信访工作，畅通和规范群众诉求表达、利益协调、权益保障通道，完善网格化管理、精细化服务、信息化支撑的基层治理平台，健全城乡社区治理体系，及时把矛盾纠纷化解在基层、化解在萌芽状态。加快推进市域社会治理现代化，提高市域社会治理能力。

改革开放以来，我国社会组织大量涌现、蓬勃发展，仅在民政部门登记的社会组织，就由 1988 年的 4466 个发展到 2016 年的 70.2 万个，增长 150 多倍，吸纳社会各类人员就业 763.7 万人，呈现出发展快、种类多、领域广等特征。据民政部《2021 年民政事业发展统计公报》显示，截至 2021 年底，全国民政部门登记和管理的机构和设施共计 238.0 万个，职工总数 1730.4 万人。从实际情况来看，未注册的社会组织可能是已注册的数倍。在这样的大背景下，劳动领域社会组织也快速发展，

呈逐年增长趋势。例如，2022年，北京市与服务职工有关的社会组织，占社会组织总数的六成还多。这些组织数量众多、类别丰富、形式灵活、专业性强，在服务职工群众、创新社会管理、推动经济发展、维护社会稳定等方面发挥了积极作用，在职工群众中的影响力逐步扩大，日益成为参与现代社会治理的重要力量。

同时，随着就业方式和生活方式的变化，新的社会阶层人士大量涌现，在经济社会发展中的作用日趋凸显。社会组织和新社会阶层人士具有自主性、多变性等特点，他们的价值取向、生存现状、利益诉求等，不仅关系到社会治理的整体格局，而且关系到党执政的群众基础和阶级基础。

各级工会要积极整合各方资源，协同社会力量，以务实有效的举措加强对劳动领域社会组织和新社会阶层人士的联系引导工作，更好地回应职工群众多样化需求，不断提高工会服务职工工作的能力和水平。

四、加强工会社会联络工作，是推动各级工会干部加强改进工作作风、进一步密切党与职工群众血肉联系的有效途径

习近平总书记在2022年春季学期中央党校（国家行政学院）中青年干部培训班开班式上强调，信访是送上门来的群众工作，要通过信访渠道摸清群众愿望和诉求，找到工作差距和不足，举一反三，加以改进，更好为群众服务。党的十八大以来，以习近平同志为核心的党中央始终把信访工作摆在重要位置。习近平总书记时刻把人民群众的安危冷暖放在心上，对信访工作作出了一系列重要指示批示，要求信访部门和信访干部牢记为民解难、为党分忧的政治责任，加强党对信访工作的领导，形成了习近平总书记关于加强和改进人民信访工作的重要思想，为我们做好新时代信访工作提供了根本遵循。在当前社

会矛盾多发阶段，切实转变思想作风和工作作风，保持与人民群众的密切联系，解决好群众最关心最直接最现实的利益问题，夯实党执政的群众基础，比以往任何时候都更为重要、更为紧迫。同时，工会信访也是为领导决策提供信息的重要窗口。职工群众来访反映着职工群众的真实意愿，承载着职工群众的所思所盼和大量真知灼见。各级工会要进一步下移重心、前移关口，直接听取职工群众意见，及时向党委、政府有关部门反映职工的愿望呼声，从政策层面预防化解职工群众信访突出问题，推动职工信访问题的源头和成批解决。

工会是党联系职工群众的桥梁和纽带。各级工会要更加积极主动、深入细致地做好职工群众工作，面对面地与职工群众交流，心贴心地做思想工作，实打实地维权服务，反映诉求、释疑解惑、疏导情绪、提振信心，促进劳动关系和谐。

第三节　工会社会联络机构历史沿革

全国总工会历来高度重视和保持同会员群众的密切联系。从 1925 年 5 月中国共产党领导的中国第二次劳动大会通过的首部中国工会章程——《中华全国总工会总章》，到 2023 年 10 月 12 日中国工会第十八次全国代表大会部分修改通过的《中国工会章程》，都明确提出中国工会坚持群众化、民主化，保持同会员群众的密切联系，依靠会员群众开展工会工作。

最早具有工会社会联络工作性质的机构是工会信访办（室）。改革开放以来，我国逐步建立社会主义经济体制，非公有制经济蓬勃发展、职工队伍结构发生深刻变化，劳动关系更趋复杂。在这种情况下，全国总工会于 2003 年成立了维护职工队伍稳定的专门机构。特别是 2008 年之后，受国际金融危机等因素影响，劳动争议引发的职工群体性事件大幅增加。为应对新问题、新情况，全国总工会党组、书记处充实了有关维护职工队伍稳定和工会组织团结统一的领导机构，加强了人员配备，从机关有关部门和产业工会抽调人员集中办公。2010 年接连爆发的深圳富士康职工“十三连跳”事件、南海本田职工停工事件，引发连锁反应，各地先后发生数百起集体停工事件，引起了国内外普遍关注。党中央专门听取汇报，并提出明确要求。全国总工会和地方各级工会坚决贯彻党中央的部署，将维护职工队伍稳定和工会组织团结统一工作提上重要日程。2010 年 10 月，全国总工会党组要求办公厅承担相关工作任务，加强与信息、舆情等部门的沟通协作，同时，办公厅增设维稳工作专门处室承担具体工作。主要职责是综合协调指导维护职工队伍稳定和工会组织团结统一工作，加强与中央和国家机关有关部门的工作联络与协调，协调参与相关事件的应对工作，研究推动劳动领域社会组织管理工作。办公厅专门处室负责组织开展劳动关系矛盾分析研判工作；督促指导地方工会排查化解劳动关系矛盾隐患和职工队伍中存在的不稳定因素；督促指导地方工会协助党政做好相关工作；配合党政有关部门做好劳动领域社会组织的管理工作。各级工会普遍建立了自上而下的相关工作领导机构，健全了各项体制机制。

2015 年 1 月 8 日，党中央下发了《中共中央关于加强和改进党的群团工作的意见》。2015 年 7 月 6 日至 7 日，中央党的群团工作会议召开，习近平总书记发表重要讲话，对做好新形势下党的群团工作提出明确要求。同年 7 月 23 日，中央改革办下发通知，决定在全国总工会开展中央群团机关改革试点。2016 年 7 月，全国总工会党组深入贯彻习近平总书记系列重要讲话精神和治国理政新理念、新思想、新战略，紧紧围绕增“三性”、去“四化”，牢固树立总体国家安全观，整合工会维护职工队伍稳定和工会组织团结统一、联系引导劳动领域社会组织、信访等工作，新成立社会联络部，下设社会组织处、维稳工作处、信访工作处、综合处四个处室。优化、强化了维护职工队伍稳定和工会组织团结统一职能，将定期接待职工群众来访纳入包括基层联系点、调查研究、基层挂职任职、谈心和征求意见在内的五项直接联系群众制度，同时以实行工会工作社会化为抓手，拓展了联系职工的新途径、新方式。随着工会系统改革创新工作全面展开，各地都将社会联络工作纳入改革盘子系统推进，普遍成立了社会联络部门或明确了相应对接机构。

2016 年社会联络部成立以来，在全国总工会党组、书记处坚强领导下，坚持以习近平新时代中国特色社会主义思想为指导，深入学习贯彻习近平总书记关于总体国家安全观、关于工人阶级和工会工作的重要论述，坚决贯彻落实习近平总书记等中央领导同志重要指示批示精神，全面贯彻落实“五个坚决”要求，坚持底线思维，增强斗争本领，居安思危，未雨绸缪，坚决维护劳动领域政治安全，促进职工队伍团结统一与社会和谐稳定；切实加强对劳动领域社会组织的政治引领、示范带动、联系服务；着力发挥信访办公室窗口作用，切实维护信访职工合法权益；对标对表“模范政治机关”、“四强党支部”标准，着力建设一支能谋善战、素质过硬的工会社会联络干部队伍，不断推动工会社会联络工作高质量发展。2021 年 5 月，为了更好发挥工会信访工作服务信访职工窗口作用，经全国总工会党组会议研究决定，信访工作处更名为信访办公室。进一步加强全国总工会内部工作统筹，2022 年 1 月，社会联络部增设处室负责维护劳动领域政治安全工作。

第四节 工会社会联络工作需要把握的原则

一、必须牢牢把握正确政治方向

各级工会要始终坚持党的领导，坚决拥护“两个确立”，始终做到“两个维护”，自觉在思想上政治上行动上同以习近平同志为核心的党中央保持高度一致，牢固树立总体国家安全观，积极融入党领导下的社会治理工作机制，积极配合有关部门预防化解劳动关系矛盾、联系引导劳动领域社会组织，把“五个坚决”要求落到实处。

二、必须坚持以职工为本

积极适应我国社会主要矛盾的发展变化，把推动解决广大职工最关心、最直接、最现实的利益诉求作为工会社会联络工作的根本出发点和落脚点，切实致力于代表和维护职工的合法权益，致力于维护职工队伍和工会组织团结统一。

三、必须坚持防范化解与引领构建一体推进

坚持维权与维稳相结合，维护安全与塑造安全相统一，打造防范化解与引领构建一体推进的工作格局。加强基层工会组织建设和维权服务工作，推动构建中国特色和谐劳动关系，从源头上治理矛盾隐患，切实保障职工权益，把问题和矛盾解决在基层、化解在萌芽状态。

四、必须以法治思维和法治方式开展工作

将工会社会联络工作纳入法治化轨道和制度化解决途径，引导职工通过协商、协调的方式化解矛盾、解决问题，实现劳

动关系矛盾规范化、常态化治理。协助配合政府有关部门加强对劳动领域社会组织内部治理、业务活动、对外交往的管理，引导和监督劳动领域社会组织依法、依规开展活动，促进其健康有序发展。

五、必须加强协同联动

各级工会要充分运用党的执政资源，加强与党政有关部门协同联动，建立健全相关工作机制，实现源头治理、风险防范、矛盾化解、联系引导衔接贯通，统筹兼顾、多措并举、打好整体仗。

思考题：

1. 如何理解工会社会联络工作是新时代工会组织增“三性”、去“四化”，推动自我改革创新的一项重大举措？

2. 结合本地区本单位实际，谈谈应采取哪些举措推动工会社会联络工作的创新发展？

第二章　社会组织基础知识

第一节　社会组织概述

一、社会组织的概念

“社会组织”是一个中国式概念。在我国，过去很长一段时间内社会组织被称为“民间组织”、“非营利组织”。作为一个概念，“社会组织”一词出现在党中央、国务院文件中始于2004年3月第十届全国人大第二次会议，会议审议批准了《政府工作报告》，报告指出“要加快政企分开，进一步把不该由政府管的事交给企业、社会组织和中介机构，更大程度地发挥市场在资源配置中的基础性作用”。2006年党的十六届六中全会通过的《关于构建社会主义和谐社会若干重大问题的决定》，对社会组织作了比较完整的论述，提出要“健全社会组织，增强服务社会功能。坚持培育发展和管理监督并重，完善培育扶持和依法管理社会组织的政策，发挥各类社会组织提供服务、反映诉求、规范行为的作用。发展和规范律师、公证、会计、资产评估等机构，鼓励社会力量在教育、科技、文化、卫生、体育、社会福利等领域兴办民办非企业单位。发挥行业协会、学会、商会等社会团体的社会功能，为经济社会发展服务。发展和规范各类基金会，促进公益事业发展。引导各类社会组织加强自身建设，提高自律性和诚信度”。从此之后，中央文件和有关法律法规均使用“社会组织”而不再使用“民间组织”这个称谓。

2015年7月，习近平总书记在中央党的群团工作会议上的讲话指出，联系和引导相关社会组织，是群团组织发挥桥梁和纽带作用的一项重要任务。2015年1月，中央关于加强和改进党的群团工作的文件强调，各级党委和政府要支持群团组织在党组织领导下发挥作用，加强对有关社会组织的政治引领、示范带动、联系服务。联系引导相关社会组织，是党中央赋予工会的一项重要政治任务，对工会来说是一项全新的工作。

第一个概念，首先从大的范畴来说，如果仅仅从字面含义来理解，社会组织是指所有由人组成的、存在于社会上的一切组织形式，包括政府和企业，都是社会组织。

根据人类社会活动的国家—经济—社会的三分法，现代社会划分为国家、市场和社会这三个既相对独立又相互结合的体系，它们对立统一地构成了现代社会的整体。其中，国家体系的主体是各级党政机构等公共组织，市场体系的主体是各种营利性的企业组织，社会体系的主体是具有非营利性、非政府性、志愿性、公益性的社会组织。

第二个概念，广义上的社会组织，是指对应于政府组织、企业组织，不以营利为目的，主要开展公益性或互益性活动，独立于党政体系之外的各种正式的和非正式的组织。这个概念，与国际上惯常使用的“非营利性组织”、“非政府组织”、“第三部门组织”、“公民社会组织”等概念非常相似，但又不尽相同，有时它也与“公益性组织”、“志愿组织”、“慈善组织”、“免税组织”等国际通行概念有极大相关性。在西方诸多社会学和社会管理学著作中，人们常常把社会组织称为“社会自组织”。这些崛起于“政府失灵”和“市场失灵”两难困境中的社会组织，是作为有别于政府、市场的“第三部门”而存在的。

第三个概念，狭义上的社会组织，是特指我国法律法规中规定的，在各级民政部门登记的社会团体、基金会和民办非企业单位三类社会组织。也就是常说的法定三大社会组织，即根据《社会团体登记管理条例》、《基金会管理条例》、《民办非企业单位登记管理暂行条例》规定而成立的社会组织。

枢纽型社会组织，一般可以理解为政府为了节约管理成本，提升管理质量，采用抓大放小的方式，通过一些组织完善、政治可靠、作用特别的社会组织，去引领和管理数目众多的社会组织。这些组织完善、政治可靠、作用特别的社会组织，就是枢纽型社会组织。

第四个概念，叫作新社会组织。“新经济组织”、“新社会组织”的提法，在近几年的文件中比较常见，这个概念和第三个概念是有区别的，在外延上有所增减。

“增”的部分，就体现在一个“新”字上。现在很多文件中讲的社会组织，虽然没有“新”字，其实指的就是新社会组织，其外延是改革开放以后涌现的新的社会团体、基金会、民办非企业单位，还包括一些社会服务机构、中介服务组织、基层（社区）社会组织等。

“减”的部分，最显著的就是免予登记的社团组织。一是参加中国人民政治协商会议、免予社会团体登记的人民团体。2000 年 12 月 5 日，民政部向各省（区、市）政府、中央各部委、各人民团体发出通知，明确中华全国总工会、中国共产主义青年团、中华全国妇女联合会、中国科学技术协会、中华全国归国华侨联合会、中华全国台湾同胞联谊会、中华全国青年联合会、中华全国工商业联合会八个人民团体不进行社会组织（社团）登记，这八个组织在新中国成立时参加了中国人民政治协商会议，从上到下都是参照公务员法进行管理，实行定职能、定机构、定编制，经费由财政保障，有行政级别，上下有隶属或指导关系，所以不能把这八个组织简单地等同为社会组织，一般称为人民团体。二是经国务院批准免予社会团体登记的群团组织。中国文学艺术界联合会、中国人民对外友好协会、中国人民外交学会、中国作家协会、中华全国新闻工作者协会、中国国际贸易促进委员会、中国残疾人联合会、宋庆龄基金会、中国法学会、中国红十字总会、中国职工思想政治工作研究会、欧美同学会、黄埔军校同学会、中华职业教育社、中国计划生育协会15个组织是经国务院批准可以免予社会团体登记的组织，从属性上看虽然有点类似于社会团体，但它们一般是到中央编办进行事业单位法人登记，都有行政级别，经费由财政保障，跟八个人民团体一样都在中央巡视覆盖的范围，不属于社会组织登记管理的范围。

中央关于加强和改进党的群团工作的文件指出，各级党委和政府要支持群团组织在党组织领导下发挥作用，加强对有关社会组织的政治引领、示范带动、联系服务。根据国家统计局社会组织行业分类统计，社会组织分为14个行业领域，分别是科技及研究、教育、文化、卫生、体育、法律、社会服务、工商业服务、生态环境、宗教、农业及农村发展、职业及从业组织、国际及涉外组织、其他。其中教育、社会服务、农业及农村发展、文化、工商业服务、卫生六个领域的社会组织数量最多，约占社会组织总数的70%以上。

2015年9月，中共中央办公厅印发的《关于加强社会组织党的建设工作的意见（试行）》中指出，“社会组织主要包括社会团体、民办非企业单位、基金会、社会中介组织以及城乡社区社会组织等”。2016年3月16日，第十二届全国人民代表大会第四次会议通过的《慈善法》第二章第八条规定，“慈善组织可以采取基金会、社会团体、社会服务机构等组织形式”。2016年6月，中央关于改革社会组织管理制度、促进社会组织健康有序发展的文件中强调，“以社会团体、基金会和社会服务机构为主体的社会组织，是我国社会主义现代化建设的重要力量”。中央文件和《慈善法》表述的不同之处，就是后一个文件和《慈善法》没有列出“民办非企业单位”，而以“社会服务机构”代之。虽然中央文件和《慈善法》对社会组织的表述有所不同，但在《民办非企业单位登记管理暂行条例》没有修订或废止之前，“民办非企业单位”这个词仍然沿用，所以，本章将对社会团体、基金会、社会服务机构（民办非企业单位）分别进行介绍。

二、社会组织的属性和特征

（一）内在属性

社会组织是社会成员基于共同特定目的自发组成的、按照一定规则从事活动并对社会成员具有一定约束力的社会群体。从其内涵看，有四个方面的内在属性。

1. 主体性。

社会组织必须由一定数量的社会成员组成，单个社会成员不能称为社会组织。比如，《社会团体登记管理条例》第三章第十条规定，成立社会团体，应当有 50 个以上的个人会员或者 30 个以上的单位会员；个人会员、单位会员混合组成的，会员总数不得少于 50 个。

2. 目的性。

参加社会组织的成员具有共同的组织目标，它既可以是单一的，也可以是具有内在联系的目标体系，组织目标是组织活动的灵魂，成员围绕组织目标开展共同活动。

3. 规则性。

社会组织设立一定的章程和行为规范，供其成员共同遵守，以实现其组织目标。

4. 约束性。

社会组织成员必须接受并自觉遵守组织的章程和行为规范，社会组织对成员不遵守组织的章程和行为规范的行为有一定的惩戒机制。

（二）外在特征

从社会组织运作所表现出的外在特征来看，一般将其归纳为四个方面的特征。

1. 非营利性。

这是社会组织与企业在宗旨上的显著区别。企业作为经济组织，营利是其根本宗旨。而社会组织尽管有不同的组织目标，但不以营利为目的是一切社会组织的根本宗旨，它们不是为了获取利润并在此基础上谋求组织自身的发展，而是为了实现整个社会或一定范围内的公共利益。非营利性这个特征，在我国法律法规对其的定义中表现得十分清楚。《社会团体登记管理条例》第一章第二条规定，社会团体是指中国公民自愿组成，为实现会员共同意愿，按照其章程开展活动的非营利性社会组织。《基金会管理条例》第一章第二条规定，基金会是指利用自然人、法人或者其他组织捐赠的财产，以从事公益事业为目的，按照本条例的规定成立的非营利性法人。《民办非企业单位登记管理暂行条例》第一章第二条规定，民办非企业单位是指企业事业单位、社会团体和其他社会力量以及公民个人利用非国有资产举办的，从事非营利性社会服务活动的社会组织。这三个法规有一个共同的规定，那就是非营利性。这个非营利性，并不意味着禁止社会组织从事正当的经营性活动，但是，其经营所得收入和利润不能在成员之间进行分红，不允许分给组织的实际管理者，也不能进行剩余分配，只能继续用于组织所从事的事业，以支持事业的发展和壮大。

2. 非政府性。

社会组织不是政府组织，不是政权机关，没有行政职能，不能行使行政职权，工作方式方法与行政机关不同，非政府性是社会组织区别于政府的根本特征。社会组织来自民间，服务于社会，不利用行政性权力和手段来开展活动，其组织宗旨、行为方式等方面有别于政府组织，因而强调自我组织、自我管理、自主活动、自我发展。社会组织既有可能在很多领域与政府组织开展合作，也有可能在某些领域为维护成员权益而与政府组织进行谈判和博弈。这种非政府性也是社会组织赢得社会公信力的主要原因之一。

3. 自治性。

社会组织是相互独立的自治组织，既不隶属于政府也不隶属于企业，每一个社会组织都有自己的判断、决策和行为的机制与能力，都属于独立自主的自治组织，各社会组织之间彼此独立，无上下隶属或指导关系。社会组织通过共同制定章程和规范来开展活动，并约束成员的组织行为，体现的是组织成员的自治精神和共治理念。

4. 公益性或互益性。

如果说企业是组织化的资本，政府是组织化的权力，那么社会组织可以说是组织化的志愿精神。社会组织倡导社会理念，追求公共或者共同利益，为满足社会需求或者会员需求而进行相应活动。社会组织的内在驱动力既不是利润动机，也不是权力原则，而是以志愿精神为背景的利他主义和互助主义。社会组织的活动基本上与慈善事业、社会救助、环境保护、特殊群体援助、行业自律等问题有关，旨在为社会成员提供相应的帮助和服务。

三、社会组织的分类

由于社会组织的发展深深植根于各国的政治制度、经济条件和文化传统背景，再加上社会组织的活动领域和组织结构纷繁复杂，所以国际上对社会组织难以有一个统一的分类。目前，我国社会组织分为社会团体、基金会、社会服务机构（民办非企业单位）三大类。

四、社会组织的功能及定位

作为在公共部门和私人市场部门之间调节社会发展的第三部门，社会组织在社会管理中承担着资源动员、社会服务、社会治理和政策倡导等功能。

（一）社会组织的功能

1. 资源动员功能。

相对于企业和政府，社会组织有一个重要的社会功能就是社会资源动员。一方面，社会组织通过各种慈善性、公益性的募捐活动筹集善款和吸纳各种社会捐赠，从而动员社会的慈善捐赠资源；另一方面，社会组织发动来自社会各个方面的志愿者参与到各种慈善公益活动或互助共益活动中，从而动员社会的志愿服务资源。虽然社会组织具有的非政府性和非营利性限制了它们像政府那样通过强制征税获取公共资源，也限制了它们像企业那样通过生产经营获取市场资源，但是它们所具有的志愿性、公益性或共益性，赋予了它们动员社会资源的广阔空间，将来自社会的财产资源（捐款）和人力资源（志愿者），用于各种社会公益活动或共益活动，同时向社会传播致力于社会公共利益（公益）或一定范围内共同利益（共益）的理念和志愿精神。

社会组织的资源动员功能体现了社会对其认可、信任与支持，其背后是人们基于利他主义的公益或共益精神所采取的一种志愿行动。这种资源动员既不同于政府和纳税人之间的强制关系，也不同于生产者和消费者之间的交换关系，而是建立在社会成员对社会组织所倡导的公益或共益理念的社会认同基础上的一种“信托”关系，是一种基于信任、志愿和公益的资源支持与委托代理关系，在一定意义上也可以将其理解为区别于国家税收和市场交换的另一种资源配置机制。无论是表现为财产或物资形式的捐赠，还是表现为人力资源形式的志愿服务，都构成了社会组织得以存在和发展的重要社会基础。正是因为拥有大量来自社会的志愿性、无偿性的公益或共益资源，决定了社会组织必须向社会提供各种形式的公益服务。

随着这种社会功能的日益发展和成熟，少数社会组织在资源动员方面逐步走向专业化，出现一些以资源动员为核心功能的社会组织，包括一些专业筹款的基金会和社会团体，一些专业开展资助活动的基金会和社会团体，一些专业招募、培训和派遣志愿者的社会团体和民办非企业单位。

2. 社会服务功能。

社会组织提供的公益服务遍及社会的各个方面，涵盖公益慈善、救灾救济、扶贫济困、环境保护、公共卫生、文化教育、科学研究、科技推广、农村和城市发展及社区建设等众多领域。

社会组织将其动员的社会资源，按照组织的公益宗旨和理念并遵循其对社会所作的承诺，用于开展各种形式的公益性社会服务。在应对社会问题方面，社会组织弥补了“政府失灵”和“市场失灵”，在社会问题发生的各个领域构建基于社会公益的服务体系，不断增强其专业化能力，从而维护并增进社会的公共利益。社会组织提供公益服务的功能，体现其公共性的本质，是其立足于社会、置身于公共空间并取得社会公信力的基石。在提供社会服务的过程中，社会组织通过接受政府委托或参与政府采购，加入政府公共服务体系，拓展了公共服务空间，与政府公共服务之间形成了助力互补、合作互动、共同发展的伙伴关系。

3. 社会治理功能。

社会组织在政府力不从心、市场又不愿做的公共服务领域发挥着拾遗补阙的重要作用，从而弥补“政府失灵”、纠正“市场失灵”。社会组织推动社会协调并参与社会治理，推动公众参与，实现社会价值，促进社会互动，化解社会矛盾，推动社会民主。社会协调和社会治理功能，体现了社会组织所具有的社会性，这是区别于政府和企业的本质特征之一。它既不是凌驾于社会之上、统治公民的权力体，也不是异化于市场之中、追求利润最大化的经济体，它是公民以自愿组织的方式表达意愿和诉求、参与社会事务的最基本的途径之一，并据此形成公民自主的公共空间。

4. 政策倡导功能。

社会组织生成于社会的公共空间，通过动员资源、提供公益服务、推动社会协调并参与社会治理，从而形成了一定程度的公权力，在立法和公共政策的倡导方面发挥着积极的作用。

社会组织不仅参与相关立法和公共政策的制定过程，还倡导和影响政策结果的公益性和普惠性，而且往往作为特定群体特别是弱势群体的代言人，表达其利益诉求和政策主张。随着这种功能的发展，一些社会组织成为专门从事相关政策研究并影响政策过程的思想库，还有一些社会组织成为参与社会博弈的弱势群体代言人或者利益集团代言人，有的发展成为对社会政治过程产生影响的压力集团，在政治参与方面发挥着越来越大的作用。

（二）社会组织的定位

2016年8月，中共中央办公厅、国务院办公厅印发的《关于改革社会组织管理制度促进社会组织健康有序发展的意见》提出了“充分发挥社会组织服务国家、服务社会、服务群众、服务行业的作用”的要求，这是对我国社会组织的准确定位。

1. 服务国家。

社会组织要围绕党和国家工作大局，围绕中国特色社会主义经济建设、政治建设、文化建设、社会建设、生态文明建设，围绕国家外交工作大局和祖国统一大业，找准工作的结合点和着力点，团结动员所联系会员为完成党和国家中心任务贡献力量，促进改革发展、维护社会和谐稳定。

2. 服务社会。

在政府公共服务难以顾及、企业市场行为不愿意提供的情况下，社会组织弥补“政府失灵”和“市场失灵”，在社会问题发生的各个领域构建基于社会公益的服务体系，从而维护并增进社会公共利益。

3. 服务群众。

社会组织为群众提供一些日常生活所需的公共产品，并对困难人群、特殊人群、老年人群等提供便利服务，极大地满足了群众多元化需求。社会组织要做党和政府联系群众的桥梁和纽带，要多为群众办好事、解难事，维护和发展群众利益，不断增强自身的影响力和感召力。

4. 服务行业。

社会组织特别是行业协会，通过制定行业标准，协调行业利益，规范会员行为，协调会员关系，为会员提供服务，沟通会员与政府、社会的联系，以维护行业公平竞争秩序和行业整体利益，促进行业健康发展。

五、我国社会组织产生和发展的背景

分析我国社会组织产生的原因，就必须认识社会组织产生的背景；认识到社会组织产生的背景，才能把握社会组织发展的必然规律。

社会组织产生和发展的第一个背景是经济层面：我国社会主义市场经济的建立与深入发展。改革开放以后，以联产承包责任制为核心的农村改革的推进，使商品经济首先在广大农村和农产品的生产流通过程中发育起来，并通过市场的作用迅速蔓延到整个社会。随后，城市经济体制改革开始启动，国有企业分步改革，民营企业逐步发展，市场经济的各个要素、各个领域逐渐得到解放和发展。在这个过程中，市场经济本身存在的缺陷加上经济转轨过程中的制度缺失，使得环境问题、贫困问题、教育问题、公共卫生问题等社会问题日益突出。许多公民自发组织起来，开展环境保护、扶贫济困、助学助教、艾滋病防治等公益活动，出现了许多开展公益或互益活动的社会组织，也出现了许多民办学校、民办医院、民办艺术表演团体、民办科学研究院、民办体育俱乐部、民办福利院和社会中介服务业、法律服务业等社会组织，它们在企业不愿意提供产品的情况下为大众提供各种服务产品。可以说，市场经济的发展以及同时存在的“市场失灵”，催生了各种社会组织的成长与发展。

社会组织产生和发展的第二个背景是政治层面：我国社会主义行政体制的变革与不断完善。1982 年国务院进行机构改革，主要是适应工作重点转移，提高政府工作效率，精简调整机构。1988 年实施了新一轮行政体制改革，进一步转变职能，理顺关系，精简机构和人员，提高行政效率。通过这一阶段的改革，初步摆脱了与高度集中的计划经济体制相适应的行政管理模式的羁绊，激发了经济社会活力，促进了社会生产力的解放和发展。党的十四大以后，1993 年和 1998 年分别进行了两次集中的行政体制改革，按照发展社会主义市场经济的要求不断深化改革，中国特色社会主义行政体制改革取得重大进展。党的十六大以后，行政体制改革的主要任务是推进服务型政府和法治政府建设，重点围绕构建有利于推动科学发展、促进社会和谐的体制机制，着力进行制度机制创新和管理方式创新，中国特色社会主义行政体制改革全方位深化。党的十八大以后，中国特色社会主义进入新时代，党的十八届三中全会提出了全面深化改革的总目标：发展和完善社会主义制度，着力推进国家治理体系和治理能力现代化。行政体制改革围绕这一总目标，加快建立中国特色社会主义行政体制，深入推进政企分开、政资分开、政事分开、政社分开，持续推进简政放权、放管结合、优化服务等改革，建设职能科学、结构优化、廉洁高效、人民满意的服务型政府。随着国家行政体制的不断改革，政府逐步退出直接管理经济的各个领域，转向以宏观管理为主的经济调节和市场监管，并越来越重视社会管理与公共服务。原来由政府承担的许多经济职能和社会职能，越来越多地转移给各种社会组织。在政府从许多具体的公共服务领域退出的同时，社会组织利用自身机制、资源、人才等方面的优势，为大众提供公共产品。政府与社会组织围绕公共服务的供给，形成了一种新型合作机制，公共财政逐步成为社会组织发展的重要资金来源，这个大趋势促使越来越多的社会组织去担当社会公共产品的生产者和供给者。

我国社会组织在经历从无到有、由点到面的原始生长期之后，伴随着市场经济的发育成熟、国家治理体系和治理能力现代化的不断推进，逐步走向快速发展的轨道，在我国经济社会发展中发挥着越来越大的作用。

六、我国社会组织在经济社会发展中的作用

改革开放以来，在各级党委和政府的重视和支持下，我国

社会组织不断发展，在促进经济发展、繁荣社会事业、创新社会治理、扩大对外交往等方面发挥了积极作用。

社会组织在促进经济发展中发挥了积极作用。社会组织尤其是行业协会、商会在服务企业发展、规范市场秩序、开展行业自律、制定团体标准、维护会员利益、调解贸易纠纷等方面发挥了重要作用，成为市场经济体系中推动经济发展的重要力量。

社会组织在维护社会稳定中发挥了积极作用。社会组织植根于普通民众，熟知群众的利益需求，通过各种渠道依法理性有序地向党和政府表达群众利益诉求，使党和政府的决策更加民主科学，同时把党和政府的方针政策传递给群众，使群众对党和政府的决策有了更多的理解和支持，有利于党和政府与群众的良性互动。与此同时，社会组织关注贫困人口和社会弱势群体，开展大量的扶贫济困活动。一些专业从事再就业服务的中介性质的社会组织，为下岗职工、农民工及无业人员进行职业技能培训和职业介绍，帮助实现就业；一些法律服务机构为职工提供法律援助，化解了大量社会不安定因素，维护了社会稳定、促进了社会和谐。

社会组织在创新社会治理、推动社会发展中发挥了积极作用。在社会转型过程中，政府从许多具体的公共服务领域退出，社会组织承接了政府的部分社会管理职能，集合越来越多的社会力量，通过多种形式提供产品，承接越来越多的从政府转移出来的工作，有力地推动了社会发展。

社会组织在提供公共服务、满足群众多元化需求方面发挥了积极作用。随着社会经济的快速发展，人们对生活环境的综合要求不断提升。作为公共产品的提供者，社会组织利用自身机制、资源、人才等方面的优势，开展丰富多彩的社会公益活动，为大众提供低偿、无偿服务，在政府和市场不能或不愿做的领域提供社会服务，参与目前政府解决不好、市场解决不了的一些社会问题，为大众带来了更多贴近人们日常生活所需的公共产品，如医疗保健、综合维修、卫生保洁、法律援助等服务项目。特别是慈善事业方面，在近年的抗灾救灾和重大社会活动中，全国各类社会组织以前所未有的规模和声势站在了一线，对困难人群、特殊人群、老年人群等展开“便民助困”、“爱心工程”、“养老服务”等活动，极大地满足了群众多元化需求。

社会组织在繁荣科学文化事业、扩大对外交往等方面发挥了积极作用。社会组织通过推动公共文化建设，使基层群众的精神文化生活不断丰富。随着国际外交格局多样化发展，民间外交逐渐登上国际外交舞台，社会组织通过学术研讨、学术交流、社会调查，提高了我国科技创新能力和专业化水平，在国际文化技术交流、国际援助、国际合作等方面发挥着越来越显著的作用。

七、当前我国社会组织发展中存在的主要问题

改革开放以来，社会组织蓬勃发展，已经成为我国经济社会发展中的一支重要力量，但和我国日益完善的市场经济发展相比，和逐步走向现代化和国际化的政府公共管理体系相比，我国社会组织在组织规模、活动能力等方面存在先天不足、动力不足、活力不足的问题，目前我国社会组织发展过程中不同程度存在的主要问题有：经费紧张、人才缺乏、能力不足、社会支持欠缺、内部管理混乱。

资金不足是我国社会组织普遍面临的突出问题。无论是社会团体、基金会、民办非企业单位，还是活跃在环保、扶贫、社会福利、社区发展、艾滋病救助等主要领域的基层社会组织，最突出的问题还是资金不足的问题。从社会组织运作资金的构

成来看，慈善捐款所占的比重一般不足1/10，且捐款主要集中在少数基金会，绝大多数社会组织甚至没有募款经验。近年来，北京、上海、广东等一些地方政府开始探索通过购买服务的方式，将一些领域的公共服务委托给社会组织，但公共资金规模并不是很大。资金不足使得社会组织开展各种社会公益和互益活动时过多依靠市场运作，许多社会组织在动机上把追求盈利当成主要目的，有的甚至打着公益的旗号牟取暴利、招摇撞骗、聚敛钱财，严重破坏了公益事业的声誉。动员志愿服务资源的能力不足，使得我国社会组织的人力资源十分有限，普遍缺乏专业人才，在组织管理能力、协调互动能力、危机应对能力，特别是与所在领域的各种公共服务相关的专业能力等方面，存在较大不足。许多社会组织内部制度残缺，组织章程形同虚设，民主选举只是摆样子、走过场，重大事项不召开理事会和会员大会表决，人事制度、财务制度、项目管理等方面十分混乱。目前，我国对社会组织的监管主要依靠政府的监督管理，社会监督长期以来被忽视，使得一些社会组织事实上处于缺乏监管的真空状态，导致各种侵吞公益财产的“公益腐败”案件频繁发生，打击了社会公众的捐款热情并降低了公益组织的公信度，使得社会组织十分欠缺来自社会的支持，社会组织在发展过程中举步维艰、步履蹒跚。

当前，我国社会组织发展中存在诸多问题，究其原因，主要是社会组织发展所必要的法律制度、社会支持、文化背景和经济基础等方面相对还不健全，使得社会组织在获取资源、运用资源、协调社会关系、发挥社会作用等方面，都没有表现出明显的优势和能力。

八、相关法律法规

与社会组织有关的法律法规和政策规定很多，如《公益事业捐赠法》、《民办教育促进法》、《慈善法》、《境外非政府组织境内活动管理法》、《社会团体登记管理条例》、《基金会管理条例》、《民办非企业单位登记管理暂行条例》、《志愿服务条例》、《社会组织评估管理办法》等。

第二节　社会团体、基金会、社会服务机构（民办非企业单位）

社会团体、基金会、社会服务机构（民办非企业单位）是三大法定社会组织，也是常见的社会组织。中国工会作为党领导的群团组织，是党联系职工群众的桥梁和纽带，是国家政权的重要社会支柱，是职工利益的代表者和维护者。工会在履行自身职责的同时，还肩负着联系引导相关社会组织的政治责任。

一、社会团体

（一）社会团体的概念

《社会团体登记管理条例》第一章第二条规定，本条例所称社会团体，是指中国公民自愿组成，为实现会员共同意愿，按照其章程开展活动的非营利性社会组织。

（二）社会团体的分类

社会团体要取得合法地位，有免予登记取得、登记取得、依据法律规定取得和备案取得四种方式。

1. 免予登记取得。

根据《社会团体登记管理条例》第一章第三条规定，下列团体不属于本条例规定登记的范围：（1）参加中国人民政治协商会议的人民团体；（2）由国务院机构编制管理机关核定，并经国务院批准免予登记的团体；（3）机关、团体、企业事业单位内部经本单位批准成立、在本单位内部活动的团体。

根据《民政部关于对部分团体免予社团登记有关问题的通知》规定，参加中国人民政治协商会议的人民团体有：中华全国总工会、中国共产主义青年团、中华全国妇女联合会、中国科学技术协会、中华全国归国华侨联合会、中华全国台湾同胞联谊会、中华全国青年联合会、中华全国工商业联合会。这八个参加中国人民政治协商会议的人民团体可以免予登记。

《民政部关于对部分团体免予社团登记有关问题的通知》还规定，经国务院批准可以免予登记的社会团体有：中国文学艺术界联合会、中国作家协会、中华全国新闻工作者协会、中国人民对外友好协会、中国人民外交学会、中国国际贸易促进会、中国残疾人联合会、宋庆龄基金会、中国法学会、中国红十字总会、中国职工思想政治工作研究会、欧美同学会、黄埔军校同学会、中华职业教育社。另外，中国计划生育协会也是免予社团登记的社会团体。

根据《民政部关于对部分社团免予社团登记有关问题的通知》规定，中国文联所属的 11 个文艺家协会可以免予社团登记，即中国戏曲家协会、中国电影家协会、中国音乐家协会、中国美术家协会、中国曲艺家协会、中国舞蹈家协会、中国民间文艺家协会、中国摄影家协会、中国书法家协会、中国杂技家协会、中国电视家协会。省、自治区、直辖市文联、作协可以免予社团登记。

2. 登记取得。

在社团登记管理实践中，一般将社会团体划分为学术性、行业性、专业性、联合性四类。

（1）学术性社团是指主要由专家、学者和科研人员组成的各类学会或研究会等。

（2）行业性社团是指主要由经济领域各行业相同的企业组

成的经济性团体，一般以协会（包括工业协会、行业协会、商会、同业公会等）命名。

（3）专业性社团是指主要由专业人员组成或以专业技术、专门资金为从事某项事业而成立的团体，一般以协会、基金会命名。

（4）联合性社团是指主要由不同利益需求的人群或各类社团组成的联合体，一般以联合会、联谊会、促进会、俱乐部、校友会等命名。

3. 依据法律规定取得。

根据市场经济的发展和社会发展的需要，我国法律对有关社会团体的成立作出规定，如《注册会计师法》、《红十字会法》、《律师法》、《消费者权益保护法》等法律规定注册会计师协会、红十字会、律师协会、消费者协会等社会团体的合法地位。

4. 备案取得。

为了促进基层社会团体、慈善社会团体的发展，各地从实际出发，对一些不具备法人条件的基层社会团体、慈善社会团体采取备案取得的方式，承认其合法地位。2009 年 5 月，民政部发布的《关于促进慈善类民间组织发展的若干意见》中指出，围绕和谐社会的建设，鼓励慈善类民间组织在乡镇和社区建设中发挥作用；围绕社会福利化发挥慈善类民间组织在安老扶弱、助残养孤方面的作用，缓解当前社会福利事业资金不足、机构偏少的矛盾；围绕全国城乡社会救助体系建设，发挥慈善类民间组织在扶危济困、救助赈灾中的作用，引导慈善类民间组织开展医疗、教育、住房、法律援助等专项救助，体现社会关怀。在农村乡镇和城市社区中开展这些活动的慈善类民间组织，不具备法人条件的，登记管理机关可予以备案，免收登记费、公告费；法人条件成熟的，可予以登记。

（三）社会团体的内部治理结构

《社会团体登记管理条例》规定，筹备成立的社会团体，应当自登记管理机关批准筹备之日起六个月内召开会员大会或者会员代表大会，通过章程，产生执行机构、负责人和法定代表人。民政部颁布的《社会团体章程示范文本》规定，会员（代表）大会是社会团体的权力机构，理事会是会员（代表）大会的执行机构，理事人数较多时，可设立常务理事会。秘书长由理事会选任，副秘书长由理事会聘任。社团法定代表人一般应由理事长（会长）担任，如因特殊情况须由副理事长（副会长）或秘书长担任法定代表人，应报业务主管单位审查并经社团登记管理机关批准同意后，方可担任。《社会团体章程示范文本》对会员的权利和义务及会员（代表）大会、理事会和秘书长的职权和工作规则作出了具体规定，职权方面的规定具体如表 2-1 所示。

表 2-1　社会团体的主要机构及其职权

机构名称	主要职权
会员（代表）大会	1. 制定和修改章程；2. 选举和罢免理事；3. 审议理事会的工作报告和财务报告；4. 决定终止事宜和决定其他重大事宜
理事会	1. 执行会员大会（或会员代表大会）的决议；2. 选举和罢免理事长（会长）、副理事长（副会长）、秘书长；3. 筹备召开会员大会（或会员代表大会）；4. 向会员大会（或会员代表大会）报告工作和财务状况；5. 决定会员的吸收和除名；6. 决定设立办事机构、分支机构、代表机构和实体机构；7. 决定副秘书长、各机构主要负责人的聘任；8. 领导本团体各机构开展工作；9. 制定内部管理制度；10. 决定其他重大事项

续表

机构名称	主要职权
秘书长	1. 主持办事机构开展日常工作、组织实施年度工作计划；2. 协调各分支机构、代表机构、实体机构开展工作；3. 提名副秘书长以及各办事机构、分支机构、代表机构和实体机构主要负责人，交理事会或常务理事会决定；4. 决定办事机构、代表机构、实体机构专职工作人员的聘用；5. 处理其他日常事务

二、基金会

（一）基金会的概念

《基金会管理条例》第一章第二条规定，本条例所称基金会，是指利用自然人、法人或者其他组织捐赠的财产，以从事公益事业为目的，按照本条例的规定成立的非营利性法人。

（二）基金会的分类

《基金会管理条例》规定，基金会分为面向公众募捐的基金会（以下简称公募基金会）和不得面向公众募捐的基金会（以下简称非公募基金会）。公募基金会按照募捐的地域范围，分为全国性公募基金会和地方性公募基金会。

（三）基金会的内部治理结构

《基金会管理条例》规定，基金会设理事会，理事会是决策机构，理事会理事为5—25人，理事每届任期不得超过五年，可以连选连任；用私人财产设立的非公募基金会，相互间有近亲属关系的基金会理事，总数不得超过理事总人数的1/3；其他基金会，具有近亲属关系的不得同时在理事会任职；在基金会领取报酬的理事不得超过理事总人数的1/3。理事长是基金会的法定代表人。基金会设监事，监事任期与理事任期相同。理事、理事的近亲属和基金会财会人员不得兼任监事。基金会秘书长从理事中选举产生。基金会理事长、副理事长和秘书长不得由现职国家工作人员兼任。基金会理事遇有个人利益与基金会利益关联时，不得参与相关事宜的决策；基金会理事、监事及其近亲属不得与其所在的基金会有任何交易行为。监事和未在基金会担任专职工作的理事不得从基金会获取报酬。《基金会章程示范文本》进一步规定，基金会的第一届理事由业务主管单位、主要捐款人和发起人分别提名并共同协商决定；监事由主要捐款人、业务主管单位分别选派，登记管理机关也可以根据工作需要选派监事。基金会的主要机构及其职权如表 2-2 所示。

表 2-2　基金会的主要机构及其职权

机构名称	主要职权
理事会	1. 制定、修改章程；2. 选举、罢免理事长、副理事长、秘书长；3. 决定重大业务活动计划，包括资金的募集、管理和使用计划；4. 审定年度收支预算及决算；5. 制定内部管理制度；6. 决定设立办事机构、分支机构、代表机构；7. 决定由秘书长提名的副秘书长和各机构主要负责人的聘任；8. 听取、审议秘书长的工作报告，检查秘书长的工作；9. 决定基金会的分立、合并或终止；10. 决定其他重大事项
监事会	1. 依照章程规定的程序检查基金会财务和会计资料，监督理事会遵守法律和章程的情况；2. 监事列席理事会会议，有权向理事会提出质询和建议，并应当向登记管理机关、业务主管单位以及税务、会计主管部门反映情况
秘书长	理事长的其他职权和秘书长的职权从以下选项中定，理事长和秘书长的职权不能重叠，基金会可根据实际情况细化或进行补充：1. 主持开展日常工作，组织实施理事会决议；2. 组织实施基金会年度公益活动计划；3. 拟订资金的筹集、管理和使用计划；4. 拟订基金会的内部管理规章制度，报理事会审批；5. 协调各机构开展工作；6. 提议聘任或解聘副秘书长以及财务负责人，由理事会决定；7. 提议聘任或解聘各机构主要负责人，由理事会决定；8. 决定各机构专职工作人员聘用；9. 章程和理事会赋予的其他职权

三、社会服务机构（民办非企业单位）

（一）民办非企业单位的概念

《民办非企业单位登记管理暂行条例》第一章第二条规定，本条例所称民办非企业单位，是指企业事业单位、社会团体和其他社会力量以及公民个人利用非国有资产举办的，从事非营利性社会服务活动的社会组织。

（二）民办非企业单位的分类

《民办非企业单位登记暂行办法》第四条规定，举办民办非企业单位，应按照下列所属行（事）业申请登记：（1）教育事业，如民办幼儿园，民办小学、中学、学校、学院、大学，民办专修（进修）学院或学校，民办培训（补习）学校或中心等；（2）卫生事业，如民办门诊部（所）、医院，民办康复、保健、卫生、疗养院（所）等；（3）文化事业，如民办艺术表演团体、文化馆（活动中心）、图书馆（室）、博物馆（院）、美术馆、画院、名人纪念馆、收藏馆、艺术研究院（所）等；（4）科技事业，如民办科学研究院（所、中心），民办科技传播或普及中心、科技服务中心、技术评估所（中心）等；（5）体育事业，如民办体育俱乐部，民办体育场、馆、院、社、学校等；（6）劳动事业，如民办职业培训学校或中心，民办职业介绍所等；（7）民政事业，如民办福利院、敬老院、托老所、老年公寓，民办婚姻介绍所，民办社区服务中心（站）等；（8）社会中介服务业，如民办评估咨询服务中心（所），民办信息咨询调查中心（所），民办人才交流中心等；（9）法律服务业；（10）其他。

从以上所属行（事）业申请登记的规定可以看出，民办非企业单位分为教育事业、卫生事业、文化事业、科技事业、体育事业、劳动事业、民政事业、社会中介服务业、法律服务业和其他行（事）业十大类。

十大行（事）业民办非企业单位中，劳动事业的民办非企业单位需要重点关注。在工作实践中，民办职业培训学校或中心、民办职业介绍所等劳动事业的民办非企业单位，以及一些为职工提供法律援助的律师事务所等法律服务业，为职工提供职业培训、职业介绍等大量服务和法律援助，其工作内容涉及职工劳动就业、技能培训。这些社会组织，是工会需要去联系引导的重点对象。

（三）民办非企业单位的内部治理结构

《民办非企业单位章程示范文本》规定，民办非企业单位应设立理事会，理事会是决策机构，由举办者（包括出资者）、职工代表（由全体职工推举产生）及有关单位（业务主管单位）推选产生，理事会成员数为3—25人；应设立监事会，监事在举办者（包括出资者）、本单位从业人员或有关单位推荐的人员中产生或更换，其中，监事会中的从业人员代表由单位从业人员民主选举产生，有关单位主要是指业务主管单位，并且本单位理事、院长（或校长、所长、主任等）及财务负责人不得兼任监事。院长（或校长、所长、主任等）由理事会聘用。法定代表人为理事长或院长（或校长、所长、主任等）。理事会、监事会、院长（或校长、所长、主任等）的主要职责如表2-3所示。

表 2-3 民办非企业单位的主要机构及其职权

机构名称	主要职权
理事会	1. 修改章程；2. 业务活动计划；3. 年度财务预算、决算方案；4. 增加开办资金的方案；5. 本单位的分立、合并或终止；6. 聘用或者解聘本单位院长（或校长、所长、主任等）和其提名聘任或者解聘的本单位副院长（或副校长、副所长、副主任等）及财务负责人；7. 罢免、增补理事；8. 内部机构的设置；9. 制定内部管理制度；10. 从业人员的工资报酬
监事会	1. 检查本单位财务；2. 对本单位理事、院长（或校长、所长、主任等）违反法律、法规或章程的行为进行监督；3. 当本单位理事、院长（或校长、所长、主任等）的行为损害本单位的利益时，要求其予以纠正
院长	1. 主持办事机构开展日常工作，组织实施年度工作计划；2. 协调各分支机构、代表机构、实体机构开展工作；3. 提名本单位副院长（或副校长、副所长、副主任等）以及各办事机构、分支机构、代表机构和实体机构主要负责人，交理事会或常务理事会决定；4. 决定办事机构、代表机构、实体机构专职工作人员的聘用；5. 处理其他日常事务

思考题：

1. 从广义上理解社会组织概念，工会社会组织工作的对象包括哪些？

2. 党的二十大召开后，当前我国的社会组织发展面临哪些重要的机遇？

第三章　工会社会组织工作

第一节　工会社会组织工作概述

一、工会社会组织工作背景

以习近平同志为核心的党中央高度重视党的群团工作，要求群团组织发挥桥梁纽带作用，联系和引导相关社会组织；要求接长手臂、形成链条，使群团组织成为党联系社会组织的一个重要渠道；要求群团组织在党的领导下加强对有关社会组织的政治引领、示范带动、联系服务。

全国总工会党组、书记处坚持以习近平新时代中国特色社会主义思想为指导，深入学习贯彻习近平总书记关于工人阶级和工会工作的重要论述，贯彻落实《中共中央关于加强和改进党的群团工作的意见》，准确把握中央改革办对全国总工会改革试点工作的要求。根据中央审议通过的《全国总工会改革试点方案》的整体部署，全国总工会组建社会联络部，设立社会组织处，统筹负责工会联系引导劳动领域社会组织工作，将探索联系引导劳动领域社会组织机制确定为全国总工会改革试点主要任务之一，将制定推进工会联系引导劳动领域社会组织工作的意见确定为全国总工会改革试点主要文件之一。

在全国总工会党组、书记处的领导下，全国总工会印发了《中华全国总工会关于推进工会联系引导劳动关系领域社会组织工作的意见》，深刻阐述了工会联系引导劳动领域社会组织工作的重大意义、指导思想、基本原则和目标任务，明确了积极稳妥推进这项工作的五项重点措施，提出加强组织领导的工作要求，积极稳妥推进工会联系引导劳动领域社会组织工作实现良好开局。

二、劳动领域社会组织的定义

劳动领域社会组织是指工作内容与职工劳动就业、技能培训、收入分配、社会保障、安全卫生等劳动经济权益和民主政治权利以及精神文化权益等方面相关的社会组织。

三、联系引导基本定位和政治引领、示范带动、联系服务的关系

“联系引导”包含了“政治引领、示范带动、联系服务”的要求。中央党的群团工作会议明确提出，“联系和引导相关社会组织，是群团组织发挥桥梁和纽带作用的一项重要任务”。《中共中央关于加强和改进党的群团工作的意见》要求，“各级党委和政府要支持群团组织在党组织领导下发挥作用，加强对有关社会组织的政治引领、示范带动、联系服务”。“联系引导”是工会针对劳动领域社会组织开展工作核心内涵的概括，“政治引领、示范带动、联系服务”12字要求寓于“联系引导”之中。科学把握政治引领、示范带动、联系服务的关系，政治引领是工会联系引导社会组织工作的根本目的，示范带动是工会联系引导社会组织工作的重要途径，联系服务是工会联系引导社会组织工作的载体手段，一体推进、良性互动，实现工会联系引导社会组织工作政治效果、社会效果、工作效果的有机统一。

四、工会社会组织工作的主要内容

根据党中央决策部署和全国总工会党组、书记处的要求，工会社会组织工作的主要内容如下。

1. 联系引导劳动领域社会组织，以贯彻落实《中华全国总工会关于推进工会联系引导劳动关系领域社会组织工作的意见》等文件为主线，认真落实“政治引领、示范带动、联系服务”的目标任务。

2. 依法协调做好工会系统境外非政府组织境内研究交流合作活动业务主管工作。

3. 贯彻落实中央关于新的社会阶层人士统战工作专项任务，认真做好劳动领域社会组织从业人员特别是领军人物的工作，团结引导劳动领域社会组织人士。

4. 协同做好我国劳动领域社会组织“走出去”有关工作。

第二节　工会社会组织工作的重要意义

一、做好工会社会组织工作，是认真贯彻落实中央决策部署、服从服务于党和国家工作大局的必然要求

习近平总书记在中央党的群团工作会议上强调，联系和引导相关社会组织，是群团组织发挥桥梁和纽带作用的一项重要任务，要接长手臂、形成链条，使群团组织成为党联系社会组织的一个重要渠道。《中共中央关于加强和改进党的群团工作的意见》要求各级党委和政府要支持群团组织在党组织领导下发挥作用，加强对有关社会组织的“政治引领、示范带动、联系服务”，群团组织要通过服务来引导和促进社会组织健康有序发展。中共中央办公厅、国务院办公厅印发的《关于改革社会组

织管理制度促进社会组织健康有序发展的意见》充分肯定了社会组织的积极作用，明确了做好社会组织工作的指导思想、基本原则和总体目标。党中央作出的一系列重要指示和重大决策部署，充分体现了以习近平同志为核心的党中央对加强党的群团工作和做好社会组织工作的高度重视，是党中央治国理政新理念、新思想、新战略的重要组成部分，是做好工会工作特别是联系引导劳动领域社会组织工作的根本遵循。

二、做好工会社会组织工作，是适应社会组织发展形势、履行工会政治责任的客观需要

改革开放以来，我国社会组织不断发展，在促进经济发展、繁荣社会事业、创新社会治理、扩大对外交往等方面发挥了积极作用，并在职工群众中的影响力不断扩大。同时，一些劳动领域社会组织缺乏正确的引导，极少数组织被境内外敌对势力所利用。各级工会要站在巩固和扩大党的执政基础的高度，深刻认识加强劳动领域社会组织工作的极端重要性，以务实有效的举措加强对劳动领域社会组织的联系和引导，最大限度地把职工群众团结在党的周围，切实履行好党中央赋予工会组织的政治责任。

三、做好工会社会组织工作，是回应职工群众多样化需求、更好地服务职工群众的现实需要

随着我国经济社会的快速发展，我国职工队伍发生了深刻的变化，职工需求更趋多元，特别是新生代职工视野更加开阔、自主意识更强，他们不再满足于传统的单一式服务，对差异化、精准化服务的需求更加迫切。劳动领域社会组织数量庞大、类别众多、形式灵活、专业性强，在回应不同职工群体需求、向职工提供精准服务等方面具有一定优势。做好

社会组织工作，有助于整合各方资源，协同社会力量，有效拓展工会服务职工的广度和深度，不断提高工会服务职工工作的专业化水平。

四、做好工会社会组织工作，是工会改革创新、加强和改进自身建设的内在要求

工会社会组织工作，丰富了职工群众的工作内涵，拓展了工会工作外延，是工会改革创新的一项重要任务，对于创新工会体制机制、活动方式、工作方法，激发发展动力和自身活力，增强政治性、先进性、群众性，去除机关化、行政化、贵族化、娱乐化，都具有重要的推动和促进作用。各级工会要打开眼界、打开思路、打开胸襟，以改革创新精神推进联系引导劳动领域社会组织工作，有效承接政府转移的职能，充分运用市场化、社会化的方式为职工服务，不断提高工会服务职工的效率效能。

第三节 工会社会组织工作的指导思想、基本原则、工作目标和重点任务

一、指导思想

全面贯彻落实党的十九大和二十大精神，坚持以习近平新时代中国特色社会主义思想为指导，深入学习贯彻习近平总书记在中央党的群团工作会议上重要讲话精神，贯彻落实《中共中央关于加强和改进党的群团工作的意见》和中共中央办公厅、国务院办公厅印发的《关于改革社会组织管理制度促进社会组织健康有序发展的意见》，切实加强对劳动领域社会组织的政治引领、示范带动和联系服务，引导和促进劳动领域社会组织健

康有序发展，充分发挥其服务国家、服务社会、服务职工的积极作用。

二、基本原则

（一）坚持党的领导、把正方向

始终坚持中国共产党的领导，坚持正确的政治方向，为党分忧、为民谋利，努力把党的政策和主张落实到工会联系引导劳动领域社会组织工作中来，充分发挥工会的桥梁纽带作用。

（二）坚持法治思维、依法推进

坚持运用法治思维和法治方式，协助配合政府有关部门加强对劳动领域社会组织内部治理、业务活动、对外交往的管理，引导和监督劳动领域社会组织依法依规开展活动，促进其健康有序发展。

（三）坚持引导服务、惠及职工

准确把握工会职责定位，找准工作结合点，创新载体方式，引导劳动领域社会组织融入工会工作体系，造福职工群众。

（四）坚持区别对待、分类施策

加强培育和扶持政治可靠、背景清楚的社会组织，引导其在党委领导、工会主导的服务职工工作体系中充分发挥作用。积极引导规范草根组织，鼓励支持其提供公共服务、履行社会责任。

（五）坚持结合实际、因地制宜

一切从实际出发，充分考虑各地经济社会发展情况、职工队伍情况和社会组织发展状况的不同，先易后难、循序渐进地推进这项工作，引导相关社会组织为职工群众提供更多更好的服务。

（六）坚持改革创新、积极稳妥

解放思想、实事求是，坚持问题导向，敢于破除传统思维的条条框框，尊重基层首创精神，勇于用创新的手段，大胆探索，先行先试。注重总结试点工作经验，形成一批可复制、可推广的典型经验，以点带面，逐步推进此项工作，实现工会工作新突破。

三、工作目标

全国工会联系引导劳动领域社会组织工作领导体制建立健全，政策指导有力，工作机制完善，工作手段丰富，工作成效明显，基本形成“党委高度重视、政府大力支持、工会联系引导、各方密切协作、社会组织精准服务、职工群众广泛参与”的工作格局。

四、重点任务

全国总工会对积极稳妥推进工会联系引导社会组织工作提出了五个方面的重点任务，鼓励和指导各地工会因地制宜探索实践。

一是加强引领带动，探索建立工会主导的区域性劳动领域社会组织联合会。在一些经济社会发展程度较高、劳动领域社会组织活跃的地方，在同级党委领导下，工会可会同有关部门探索成立劳动领域社会组织联合会，制定组织章程，明确工作职责，完善治理机制。充分发挥联合会的作用，聚拢吸纳一批社会组织，推动资源共享，促进互动交流，增强归属感，激发社会组织活力。配合有关部门加强对相关社会组织的服务监督，确保其在政策法规允许的范围内开展活动，实现自我约束和自我管理。

二是积极扶持发展，探索在基层培育孵化工会直接领导或指导的劳动领域社会组织。探索建立孵化机制，在人员、资金、活动场所等方面予以扶持，整合社会资源，满足职工需求，拓展职工服务阵地。支持劳动领域社会组织承接工会委托事项，指导和支持志愿者为职工提供公益服务。

三是加强资源整合，探索与共青团、妇联等群团组织联合建立社会组织或社会组织服务平台。统筹发挥党的群团组织自身特色优势，合作建立社会组织或社会组织服务平台，整合社会资源，实现信息与资源共享，探索建立多元化协同、开放式服务、项目化运作、科学化评估、制度化运转的工作机制，有效引导社会力量参与社会治理，服务职工群众，促进社会和谐。

四是加强联系合作，通过购买服务等方式为职工提供优质的服务。要广泛收集、分类梳理职工需求，对于需求相对集中、比较效益突出、较为适宜由社会组织承接的服务项目，通过购买服务的方式交由社会组织承担。要按照政府购买服务的相关规定，规范购买服务工作，建立健全制度，明确准入条件和经费来源，参照招投标规定制订完善购买服务项目管理办法，建立购买服务绩效评价机制，科学评价服务绩效，引导社会组织依法依规提供专业优质高效的服务。

五是扩大工作覆盖，推进劳动领域社会组织工会建设。结合工作实际，探索在劳动领域社会组织中组建工会、发展会员，扩大社会组织工会覆盖面。要在工作基础好、社会影响大的社会组织中率先组建工会，切实发挥工会服务社会组织的作用，维护社会组织职工合法权益，不断提升工会对社会组织的吸引力凝聚力。

第四节　工会购买社会组织服务的政策措施

为支持各级工会依法依规购买社会组织服务，既为职工群众提供专业化服务，又促进劳动领域社会组织健康有序发展，全国总工会在深入调查研究和广泛研讨论证的基础上，2019 年制定实施《中华全国总工会关于工会购买社会组织服务的意见》，成为工会社会组织工作制度体系的基本配套文件，是工会社会组织工作贯彻落实中国工会十七大报告部署要求的实际举措。

一、工会购买社会组织服务的重要意义

党的十八大以来，以习近平同志为核心的党中央高度重视党的群团工作和群团改革，要求群团组织发挥桥梁纽带作用，联系和引导相关社会组织。中国工会十七大报告要求加强对劳动领域社会组织的政治引领、示范带动和联系服务，通过项目合作、购买服务等社会化、市场化方式，引导社会组织为职工提供专业化服务。全国总工会党组、书记处坚决贯彻落实党中央决策部署，高度重视工会社会组织工作，要求加强组织领导，扎实推动全国工会社会组织工作实现良好开局。

中国特色社会主义进入新时代，职工群众对美好生活的向往对工会工作提出了新的更高要求。通过工会购买社会组织服务，发挥社会组织专业优势，为职工群众提供高质量服务，成为新时代工会改革创新的重要课题。从实践经验看，购买社会组织服务，是工会发挥桥梁纽带作用、加强对劳动领域社会组织政治引领、示范带动和联系服务的重要手段，是工会参与创新社会治理、激发社会组织活力的有效途径，是工会接长服务职工手臂、回应和满足职工群众多样化需求的迫切需要，对于深化工会改革创新，整合社会资源，联系引导社会组织为职工群众提供专业化服务，更好听党话、跟党走，具有重要意义。

二、工会购买社会组织服务的总体要求

一是贯彻《意见》阐述的指导思想。坚持以习近平新时代

中国特色社会主义思想为指导，深入学习贯彻党的十九大和二十大精神，贯彻落实中国工会十七大精神，以引导社会组织服务职工群众为价值取向，以购买服务为重要方式，为职工群众提供专业化、多样化、精准化的服务，更好造福职工群众。

二是把握《意见》界定的基本内涵。工会购买社会组织服务，是指通过社会化、市场化机制，把工会向职工群众提供的部分服务事项，按照规定的方式和程序，交由具备专业水准和资质条件的社会组织承接，并由购买主体根据合同约定向其支付费用的行为。

三是落实《意见》提出的目标任务。未来五年，全国工会购买社会组织服务制度机制进一步完善，工会购买社会组织服务品牌基本形成，工会联系引导社会组织工作格局基本健全，推动实现工会服务职工工作质量效益显著提升。

三、工会购买社会组织服务的基本原则

工会购买社会组织服务，具有很强的政治性、政策性、创新性。为确保这项全新工作健康有序发展，《意见》提出了六条基本原则，要贯彻始终，落到实处。

一是坚持党的领导，把握正确方向。坚持和加强党的全面领导，贯彻落实党中央、国务院关于加快转变政府职能、创新社会治理体制的决策部署，贯彻落实党中央关于群团改革的一系列重要指示精神，把工会购买社会组织服务纳入党委领导下的工会服务职工工作体系，确保工会购买社会组织服务健康有序发展。

二是坚持职工为本，强化需求导向。贯彻以人民为中心的发展思想，全心全意服务职工群众，把职工群众对美好生活向往的需求，梳理和转化为工会工作项目，通过购买服务的方式，发挥社会组织优势，改善服务供给，为职工群众提供优质高效

的公共服务，切实造福职工群众。

三是坚持工会主导，促进共同发展。突出工会主导地位，将联系引导寓于购买服务全过程，通过购买服务的具体任务、活动项目来引导社会组织发挥正能量，促进社会组织健康发展，提高工会服务职工工作专业化水平。特别需要指出的是，《意见》明确要求，《工会法》和《中国工会章程》规定的工会政治责任、基本职责等涉及工会组织本质属性的工会工作核心业务应当由工会直接实施或主导实施。

四是坚持依法依规，积极稳妥实施。贯彻实施《预算法》、《政府采购法》、《招标投标法》、《民法典》合同编等法律法规，认真落实《国务院办公厅关于政府向社会力量购买服务的指导意见》、《政府购买服务管理办法》等政府购买服务的一系列政策规定，严格规范参与购买服务主体资格、购买内容和条件、购买方式和程序等，严格预算管理，规范资金使用。对于需求集中、比较效益突出、较为适宜由社会组织承接的服务职工项目，要鼓励和支持通过购买服务的方式来提供。

五是坚持公开择优，注重购买绩效。按照公开、公平、公正原则，通过公平竞争择优的方式，依法确定工会购买社会组织服务的承接主体。树立绩效观念，注重绩效管理，切实提高工会购买服务资金使用效率和效益。

六是坚持因地制宜，推动改革创新。坚持实事求是与解放思想相结合，根据当地经济社会发展条件、社会组织发展状况和职工群众现实需求，把工会购买社会组织服务纳入工会深化改革创新的重要部署，鼓励基层探索，总结实践经验，摸索特点规律，务实把握推进的力度和节奏，确保取得良好效果。

四、工会购买社会组织服务的有序实施

《意见》围绕购买主体、承接主体、购买内容、购买方式程

序、购买合同实施、购买资金预算管理等作出明确规定，为工会依法规范购买社会组织服务提供遵循。

一是确定购买主体。工会购买社会组织服务的主体是各级总工会、各级产业工会、具有独立法人资格的基层工会组织以及具有行政管理职能的工会所属事业单位。鼓励工会与其他群团组织、社会组织合作开展购买社会组织服务。

二是确定承接主体。承接工会购买社会组织服务的主体是具备服务职工能力、依法在各级民政部门登记注册的社会组织。承接主体应当具有独立承担民事责任的能力，具备提供服务所必需的设施、人员和专业技术的能力，近三年内无重大违法和失信惩戒记录，并符合法律法规规定和登记管理机关依法认定的其他条件。承接主体一般应成立满三年，成立未满三年，遵守相关法律法规、保障从业人员劳动经济权益、在服务职工方面具有优势的社会组织，可以承接工会购买服务。在同等条件下，优先购买已建工会组织或实现工会工作覆盖的社会组织的服务。

三是确定购买内容。购买内容为符合群团改革方向、适应职工群众需求、适合市场化方式提供、专业性较强、社会组织能够承接的服务。坚持职工需求导向，鼓励支持购买职工群众最急需、最迫切、最现实的服务。工会购买社会组织服务要与政府财政部门认可的总工会购买服务指导性目录相衔接。工会购买社会组织管理岗位纳入工会购买社会组织服务项目内容。在实践中，鼓励支持购买生产服务类、生活服务类、职业发展类、法律服务类、文体服务类、心理服务类、困难帮扶类等服务。

四是规范方式程序。健全完善工会购买社会组织服务的方式和程序，确保购买过程合法合规、科学高效。使用财政资金购买社会组织服务的，遵照政府采购法律和政府财政部门规定组织实施。使用工会经费或其他非财政资金购买社会组织服务的，应当符合政府采购法律和政府财政部门规定要求，采购限额标准以上的原则上参照招标方式进行，采购限额标准以下或因技术、服务性质、承接对象等因素无法通过招标方式进行的，也可根据政府采购法律政策和工会经费管理使用规定采取其他适当方式进行。鼓励购买主体通过依法依规设定资格条件或竞争择优方式确定不少于三家社会组织作为承接主体，并向符合条件的服务对象发放购买凭单，由服务对象自主选择社会组织为其提供服务并以凭单支付。提倡建立服务项目库，鼓励引导社会组织积极参与服务职工活动。使用工会经费或其他非财政资金购买社会组织服务的，可以通过政府开办或授权的网络平台进行。

五是严格合同制度。工会购买社会组织服务应当依法签订购买合同。通过政府采购方式和程序购买社会组织服务的，要签订政府采购合同标准文本。通过其他方式和程序购买社会组织服务的，由省（自治区、直辖市）总工会制定适用本行政区域的统一合同文本或使用当地政府财政部门编制的政府购买服务合同文本。工会购买社会组织服务合同期限一般为一年。对购买内容相对固定、连续性强、经费来源稳定、价格变化较小的服务项目，合同期限可适当延长，但不超过三年。购买主体应自觉严格履行购买合同，并加强对购买服务履约全过程的跟踪监管和对服务成果的检查验收，要督促承接主体严格履行合同义务，按时完成服务项目任务，保证服务数量、质量和效果，不得将购买项目分包或层层转包。为了贯彻坚持党委领导、工会主导的原则，《意见》明确要求，购买服务项目实施的全过程都要体现工会形象标识，并鼓励培育工会服务品牌。

六是规范预算管理。购买社会组织服务所需资金，应当在年度预算中统筹安排，未列入预算的不得购买和实施。购买主体可通过行业组织和专业咨询评估机构等方式，综合考虑当地物价、工资、税费等因素，按一般市场价格，合理测算安排购买社会组织服务所需支出。工会购买社会组织服务经费来源，包括工会经费、财政资金、行政补助、社会捐赠等。按照有关规定严格资金管理和使用，确保工会购买服务资金使用依法合规。省（自治区、直辖市）总工会可参照政府财政部门、工会关于经费管理相关规定，制定本行政区域内工会购买社会组织服务项目的支出费用标准。

五、工会购买社会组织服务的科学管理

对此，《意见》明确要求建立健全绩效评价机制、信息公开机制、监督管理机制。

一是建立健全绩效评价机制。加强工会购买社会组织服务的预算绩效管理，科学务实设置工会购买社会组织服务项目绩效评价指标。围绕购买服务项目全面开展绩效评价和履约验收，建立健全由工会、受益职工代表及第三方组成的综合性评价机制，对购买服务项目数量、质量和资金使用绩效等进行评价。积极推进第三方评估，对承接服务的社会组织进行项目管理、服务成效、经费使用等内容的综合考评。重视运用绩效评价结果，建立守信激励和失信惩戒机制，将考评结果与后续工会购买社会组织服务承接主体资格审核挂钩，同时结合政府财政、民政部门定期向社会公布的社会组织名录和信用记录情况，将考评结果及时通报有关登记管理机关。

二是建立健全信息公开机制。建立健全工会购买社会组织服务信息公开机制，及时、充分向社会公布购买的服务项目、内容以及对承接主体的要求和绩效评价标准等信息，探索建立社会组织承接工会购买服务信用信息记录、使用和管理制度，定期向社会公布工会购买的社会组织服务项目绩效评价结果，

促进工会分级分类联系引导社会组织。

三是建立健全监督管理机制。建立健全内部监督管理制度，认真履行工会购买主体监管责任。工会购买社会组织服务工作要严格遵守政府财政和工会财务部门监管规定，自觉接受审计和经审监督，自觉接受巡视和巡察监督，自觉接受职工群众和社会监督。

六、工会购买社会组织服务的组织领导

对此，《意见》围绕健全领导机制、强化保障措施、做好宣传引导以及特别事项规定、细化配套政策等作出明确规定。

一是健全领导机制。把工会购买社会组织服务工作作为新时代工会工作创新发展的一项重要内容统筹谋划，列入重要议事日程，主要领导同志要亲自过问，加强顶层设计和分类指导，建立健全工作体系，推动将其纳入各地加强社会建设、政府购买服务规划。积极参与同级党政有关购买社会服务工作的协调机制，加强与财政、民政等部门的沟通协作，争取工作指导。建立领导小组或协调小组，推动工会社会组织工作部门与工会财务、资产、权益保障、经审等相关部门协作联动，形成协调推进工会购买社会组织服务工作格局。

二是强化保障措施。根据本地经济社会发展条件、职工群众需求和工会工作实际，采取切实措施加大工会向社会组织购买服务的力度，逐步增加购买社会组织服务经费投入。建立工会购买社会组织服务工作激励机制。加强对工会干部和相关社会组织负责人的理论与实务培训，开展交流研讨，加强能力建设，促进社会组织健康有序发展，为职工群众提供更多更好的专业化服务，不断提升工会购买社会组织服务工作水平。

三是做好宣传引导。发挥各类新闻媒体作用，宣传政府购买社会服务的法律政策精神，宣传工会购买社会组织服务工作

的目的意义、政策措施和有关要求，做好政策解读和宣介，营造良好环境。加强分类指导，通过典型引路、现场观摩、经验交流，总结推广好的实践做法。评选推出工会购买社会组织服务优秀项目，积极打造工会联系引导社会组织服务职工群众的活动品牌。

针对各级工会购买审计服务、法律服务、课题研究、调查统计等服务项目，全国总工会和地方工会已有相关制度规范，《意见》作了政策衔接，提出“按有关规定办理”。

根据各地经济社会发展阶段、社会组织发育程度和职工群众需求的差异实际，《意见》要求各省（自治区、直辖市）总工会应参照本意见精神，结合本地实际制定实施意见或管理办法，推动形成严密政策体系，确保这项工作落实落地，健康有序发展。

第五节　工会联系引导社会组织为职工提供专业化服务的政策措施

为深入贯彻落实党中央群团改革决策部署，学习贯彻中国工会十七大和全国总工会十七届四次执委会议精神，深化工会改革创新，全国总工会制定实施《中华全国总工会关于工会联系引导社会组织为职工提供专业化服务的指导意见》，推动工会联系引导劳动领域社会组织工作高质量发展。

一、工会联系引导社会组织为职工提供专业化服务的重要意义

群团组织联系引导相关社会组织是习近平总书记在中央党的群团工作会议上作出的重大决策部署，是党的群团改革的重要任务目标，是以习近平同志为核心的党中央赋予工会

的重要政治责任。全国总工会主要领导对深入学习贯彻习近平总书记关于工人阶级和工会工作的重要论述作出全面部署，明确要求加强对劳动领域社会组织的政治引领、示范带动和联系服务，通过项目合作、购买服务等社会化、市场化方式，联系引导社会组织为职工提供专业化服务，进一步延伸工会手臂、扩大工会朋友圈。

为贯彻落实党中央群团改革决策部署，2016 年 7 月，全国总工会在改革试点中成立社会联络部，推进工会联系引导劳动领域社会组织工作。在全国总工会党组、书记处坚强领导下，全会上下共同努力，从零起步，改革创新，搞好顶层设计，融入主责主业，加强调查研究，精心分类指导，科学建章立制，形成制度体系，夯实基层基础，完善载体机制，健全工作队伍、工作体系、工作格局，特别是坚持一年一个主题，实事求是探索、积极稳妥实践，通过 2016 年组织开局部署、2017 年全国试点示范、2018 年全会调研督导、2019 年深化统战引导、2020 年突出服务职工、2021 年品牌经验引领、2022 年推动高质量发展，推动全国工会社会组织工作整体实现开局、拓展、提升，取得许多理论成果、制度成果、实践成果。

在总结工会社会组织工作“十三五”实践经验基础上，全国总工会专门制定实施《指导意见》。这是深入学习贯彻习近平总书记关于工人阶级和工会工作的重要论述，落实《中国工运事业和工会工作“十四五”发展规划》部署的有力举措。对此，要提高政治站位，深刻认识推进工会联系引导社会组织为职工提供专业化服务，是贯彻落实党中央群团改革决策部署、履行工会政治责任的重要举措，是参与打造共建共治共享的社会治理格局、推进国家治理体系和治理能力现代化的具体行动，是提升工会公共服务供给水平、更好满足新时代职工群众美好生活需要的务实之举，是发挥工会优势、团结引导社会组织人士听党话、跟党走、作贡献的应有之义，是深化工会改革创新，推动健全联系广泛、服务职工的工会工作体系的必然要求，以保持和增强“三性”特别是政治性为根本原则，坚持引导和规范并重，坚决把党中央群团改革相关决策部署全面贯彻落实到工会工作中来，不断增强工作的政治责任感和历史使命感，切实提高政治判断力、政治领悟力、政治执行力，牢记“国之大者”，履行职责使命，不断增强“四个意识”、坚定“四个自信”、做到“两个维护”，始终在思想上政治上行动上同以习近平同志为核心的党中央保持高度一致。

二、工会联系引导社会组织为职工提供专业化服务的总体要求

工会联系引导社会组织为职工提供专业化服务，具有很强的政治性、政策性、创新性。为此，在实践中要全面准确贯彻落实全国总工会《指导意见》阐述的指导思想、提出的基本原则，确保这项全新工作健康有序发展，顺利实现《指导意见》确定的工作目标。

一是认真贯彻《指导意见》阐述的指导思想。坚持以习近平新时代中国特色社会主义思想为指导，深入学习贯彻习近平总书记关于工人阶级和工会工作的重要论述和党中央关于群团组织联系引导相关社会组织的决策指示，加强对劳动领域社会组织的政治引领、示范带动和联系服务，通过项目合作、购买服务等社会化、市场化方式，联系引导社会组织为职工提供专业化服务，进一步接长工会手臂、扩大工会朋友圈，推动健全联系广泛、服务职工的工会工作体系。

二是认真落实《指导意见》提出的基本原则。要坚持党的领导，把握正确政治方向。自觉坚持和落实党的全面领导，把党的政策和主张贯彻落实到工会联系引导社会组织工作中来，

更好团结引导劳动领域社会组织人士和广大职工群众自觉听党话、跟党走，确保这项工作健康有序发展。要坚持工会主导，履行联系引导职责。始终突出工会主导地位，把服务职工、维护职工合法权益的大旗扛在工会组织肩上，把服务职工阵地和主导权掌握在工会组织手里，积极配合有关部门加强规范和管理，坚决防范劳动领域社会组织被敌对势力渗透、拉拢、利用，为落实“五个坚决”要求发挥建设性作用。加强政治倾向把关，依法规范有序组织实施，严防和杜绝非法社会组织参与其中。要坚持以职工为中心，突出职工需求导向。自觉贯彻以人民为中心的发展思想，以职工需求为导向，调动发挥劳动领域社会组织的专业优势，推动健全工会服务职工工作机制、打造工会服务职工综合体，促进提高工会服务职工的专业化水平。要坚持高质量发展，改善职工生活品质。深刻把握我国开启全面建设社会主义现代化国家新征程，进入新发展阶段的实际，积极推动以扩大内需为战略基点，以高质量发展为主题，以新发展格局激发新优势，更好满足职工群众高品质生活需要。要坚持因地制宜探索，积极稳妥推进落实。根据当地经济社会发展条件、社会组织发展状况和工会工作基础、职工群众现实需求，实事求是探索，积极稳妥推进，在联系引导劳动领域社会组织为广大职工提供专业化服务中实现政治引领、示范带动和联系服务的效果。

三是认真完成《指导意见》确定的工作目标。在“十四五”时期，通过指导推动各级工会联系引导劳动领域社会组织为职工提供专业化服务，有效形成“党委领导、政府支持、工会联系引导、社会组织专业服务、职工群众广泛参与和普遍受益”的工作格局，推动全国工会联系引导劳动领域社会组织工作提质、扩面、增效，做到久久为功。

三、工会联系引导社会组织为职工提供专业化服务的工作重点

贯彻落实全国总工会《指导意见》，要着重在以下十个方面下功夫，扎实做好工会联系引导社会组织为职工提供专业化服务的各项工作，进一步推动工会社会组织工作在“十四五”时期落细落实落好，奋力实现高质量发展，更好在工会工作全局中发挥作用、彰显作为。

一是完善配套政策，健全制度体系。着力建立健全工会社会组织工作制度体系，特别是按照《中华全国总工会关于推进工会联系引导劳动关系领域社会组织工作的意见》、《中华全国总工会关于工会购买社会组织服务的意见》要求，结合当地实际配套出台实施意见或管理办法，实现工会联系引导社会组织工作制度化、规范化。鼓励支持地方工会将此项工作纳入年度工作考核内容。

二是严格预算管理，落实经费保障。坚持先预算、再购买的原则，将工会购买社会组织服务所需经费纳入预算管理，依法规范组织实施。从当地实际条件出发，认真研究编制工会购买社会组织服务年度预算，重视对工会联系引导社会组织工作经费保障力度，确保工作所需资金投入到位。

三是加强审核把关，造福职工群众。结合当地民政、财政部门有关购买社会组织服务的政策规定，明确相应资质标准，确保承接工会服务职工项目的社会组织必须正规合法。提倡“专业的人办专业的事”，鼓励支持相关社会组织发挥专业优势，利用社会工作等专业理念、专业知识、专业方法、专业技能或辅以必要的专项设施等，为职工提供满足其美好生活需要的高品质服务。

四是聚焦主责主业，拓展服务内容。及时把职工群众的需

求转化为工会工作的项目，重点支持具备专业能力的相关社会组织协助工会为职工提供优质、高效的专业化服务。围绕职工生产服务类的需求，联系引导社会组织聚焦教育培训、劳动竞赛、技能提升、安全生产、职业健康、协商协调劳动关系等方面内容，协助工会提供专业化服务。围绕职工生活服务类的需求，联系引导社会组织聚焦文体活动、婚恋交友、法律服务、心理关怀、困难帮扶和职工子女课后或假期爱心托管以及工会户外劳动者服务等方面内容，协助工会提供专业化服务。

五是依法规范实施，完善操作流程。严格按照《中华全国总工会关于工会购买社会组织服务的意见》和当地政府购买社会服务的政策要求，通过开展项目合作、组织购买服务、举办公益创投活动等社会化、市场化方式，联系引导相关社会组织为职工提供专业化服务。指导推动各级工会遵照分析职工群众需求、提出发布工会服务项目、依法依规确定承接社会组织、签订履行专业服务项目协议、总结评估专业服务成效等基本流程要求，细化具体工作流程，科学规范组织实施，确保这项工作做细做实做好。

六是创新载体机制，做实联系引导。尊重基层首创精神，鼓励探索实践，通过在社会组织中组建工会、服务党建、建立创新示范基地（点）；鼓励用好工人文化宫、职工服务（帮扶）中心等工会服务职工阵地，为劳动领域社会组织提供服务场所、搭建交流平台、统筹整合资源；与劳动领域社会组织人士加强联谊交友、开展实践活动、提供服务帮助；条件成熟的地方探索推动在党委领导下成立由工会主管或主导的劳动领域社会组织联合会；鼓励支持在基层党群服务中心为劳动领域社会组织搭建服务职工平台，统筹用好社区与社会组织、社会工作者、社区志愿者、社会慈善资源的联动机制等，稳扎稳打推动工会联系引导社会组织为职工提供专业化服务。

七是创新数字赋能，突出精准服务。顺应数字化、信息化、智能化时代发展趋势，深化大数据运用，加强对职工群众特别是新技术新业态新模式从业职工群体需求的调研分析，搞好需求侧管理，有针对性地满足职工个性化多样化需求，推动提高新时代工会服务职工工作质量和水平。在市域社会治理中探索建立职工群众需求、社会组织资源、专业服务项目等基础数据库，联系引导社会组织精准参与供给服务职工的公共产品。

八是强化绩效管理，加强监督评估。增强绩效观念，科学设置工会购买社会组织服务项目绩效评价指标，从过程、质量、成本、直接效益、社会效益等方面，综合衡量政策和项目预算资金使用效果，提高工会购买服务资金使用效益。探索建立由工会、受益职工代表及独立的第三方评估机构组成的综合评价机制，对承接服务的社会组织进行项目管理、服务成效、经费使用、受益职工群体满意度等内容的综合考评，在经费使用、资产管理、招投标等关键环节加强廉政风险评估和防控，推动提高这项工作的质量和效益。

九是促进能力建设，提升专业素质。把握联系引导基本定位，全面加强工会对劳动领域社会组织的政治引领、示范带动、联系服务，强化思想政治建设和专业技能培训，加快建设社会工作专业人才队伍，促进劳动领域社会组织健康有序发展，不断提高在党委领导、工会主导下为广大职工提供专业化服务的能力素质。工会研究制订服务职工发展规划、为职工办实事年度计划等，可通过多种方式途径，积极听取相关社会组织的意见建议，重视发挥用好社会组织专业优势。

十是着力品牌引领，健全激励机制。重视品牌建设，强化品牌效应，积极评选推出工会联系引导社会组织服务职工经典案例和优秀项目。探索建立激励机制，推动各级工会通过表彰或表扬激励工会社会组织工作先进集体和先进个人、优秀劳动领域社会组织和优秀劳动领域社会组织人士，更好推动这项工作高质量发展。

四、工会联系引导社会组织为职工提供专业化服务的组织领导

工会社会组织工作是党中央赋予工会的新使命、新任务，是工会工作的重要组成部分。推进工会联系引导社会组织为职工提供专业化服务，是工会社会组织工作的深化和拓展，迫切需要加强组织领导。对此，全国总工会《指导意见》从以下五个方面提出了明确要求。

一是摆上议事日程，推动工作落地。从战略和全局高度出发，把这项工作作为新时代工会工作全局中的亮点、创新点、增长点来重视，作为新时代工会工作创新发展的重要内容来研究谋划，列入各级工会重要议事日程，加强组织领导，完善职能，细化措施，搞好督导，切实把党中央关于群团组织为党联系引导相关社会组织的群团改革决策部署全面落实到工会工作中来。

二是强化协作联动，形成整体合力。积极参与同级党政社会组织工作协调机制，注重加强与党委统战、两新组织（新经济组织、新社会组织）工委和政府民政、财政等部门的沟通协作，在社会组织信息共享、政策指导等方面争取支持。着力推动工会社会组织工作部门与工会各业务部门的协作联动，调动发挥产业工会优势作用，形成协同推进做好这项工作的整体合力。

三是开展调查统计，夯实工作基础。深化调查摸底，了解社会组织生态，掌握本地社会组织特别是劳动领域社会组织情况，建立做实工作台账及其基础数据库，做到底数清、情况明。把工会联系引导社会组织数和工会购买社会组织服务情况纳入工会系统统计年报，以此为抓手，进一步推动这项工作向基层

延伸，不断提质扩面增效。

四是注重典型示范，积极宣传引导。及时总结各地工会联系引导社会组织为广大职工提供专业化服务的鲜活经验和创新做法，注意选树典型，通过典型示范，高质量推动工作面上展开。坚持宣传报道、正确引导、规范指导相统一，注意把好政治关、政策关，加强宣传和引导，确保这项工作健康有序发展。

五是加强理论研究，搞好队伍建设。加强对工会联系引导社会组织为职工提供专业化服务的实践总结、规律提炼和理论研究，为这项工作健康发展提供有力的理论支撑。加强业务培训，使工会干部深刻领会中央精神和全国总工会要求，学习掌握工会社会组织工作法律政策体系，加强思想淬炼、政治历练、实践锻炼、专业训练，打造一支政治过硬、业务过硬、作风过硬的工会社会组织工作干部队伍，更好推动这项工作在工会工作全局中发挥作用、彰显作为。

第六节　加强对工会社会组织工作的领导

一、坚持在改革中推进

各级工会要将联系引导劳动领域社会组织工作纳入工会改革部署，摆在突出位置。建好工作体系，明确责任，分工到人，保证工作有人抓、有人管。夯实工作基础，摸清劳动领域社会组织数量，做到底数清、情况明，心中有数、有的放矢。强化协调联动，主动参与党政领导的社会组织协调机制，上下联系，横向协调，形成推动工会社会组织工作发展的强大合力。

二、坚持试点先行

各级工会要结合实际，因地制宜选好试点，落实责任，明确时限，逐步积累实践经验，注重把握和运用工作规律，以点带面、逐步铺开，确保这项工作稳步推进。

三、坚持需求导向

各级工会要适应工作需求，加强工会社会组织工作队伍建设，打造一支政治过硬、业务精湛、作风优良的工会社会组织工作干部队伍。要健全完善工会购买社会组织服务制度机制，及时出台政策措施，科学设立服务项目，指导地方工会整合资源手段，强化供需对接，逐步打造工会购买社会组织服务品牌，夯实联系引导劳动领域社会组织工作基础。

四、坚持探索创新

联系引导劳动领域社会组织工作是工会工作的全新领域。要注重通过创新思维模式、工作方式，整合工会社会资源，在建设区域性劳动领域社会组织联合会、劳动领域社会组织孵化创新基地、劳动领域社会组织工会建设等方面开拓创新，破解难题，推动工作。

思考题：

1. 如何把握工会社会组织工作的性质规律？

2. 工会社会组织工作在为职工提供专业化、精准化服务方面有哪些优势？

3. 工会社会组织工作的方式方法和载体机制可以进行哪些创新？

第四章　地方工会社会组织工作经验

第一节　北京工会经验：通过购买社会组织服务为职工群众提供优质服务

一、工作成效

北京市总工会在全国总工会和市委、市政府的坚强领导和大力支持下，紧盯职工所急、党政所需、群团所能的服务领域和项目，着力解决职工群众最关心、最直接、最现实和最困难、最操心、最忧虑的问题，连续五年开展了购买社会组织服务工作，共同为首都职工群众提供更加专业化、个性化和细致、贴心的服务，取得了可喜的成效。2012—2016 年共购买了 459 个服务项目，总计支持资金 3200 万元，社会组织开展服务职工活动 4000 场次，服务职工 40 万余人次。

（一）提升了工会工作专业化水平，满足了职工群众的多样化需求

通过购买服务，依托社会组织，先后协调有关专家 2000 余人次、系统外工作人员 15000 余人次、志愿者近 30000 人次，组织开展各类活动 4000 余场，服务内容涵盖了心理健康、技能培训、职业发展、文体娱乐、婚恋交友、家庭关系、子女教育、城市融入等多个方面，不仅解决了工会组织在相关领域人才不足、专业不强的问题，而且极大地满足了广大职

工群众的多样化需求。

（二）延长了工会工作手臂，扩大了工会组织的覆盖面

通过购买社会组织服务，将工作手臂从传统的体制内领域向体制外领域、由工会会员向非会员延展，重点覆盖外来务工人员群体、商务楼宇小微企业职工、高科技企业职工和户外劳动者等群体。通过服务使相关职工群体、企业单位增进了对工会组织的认识和理解，激发了广大职工入会的愿望和相关企业、社会组织建立工会的热情，扩大了工会组织的影响力和覆盖面。

（三）联系凝聚了一批社会组织，发挥了枢纽型社会组织作用

北京市总工会与近 1000 家社会组织建立工作联系，与其中 500 余家社会组织建立了经常性的工作联系。在日常联系和购买服务的同时，市总工会大力推动社会组织党建和工会建设工作。目前，已推动多家社会组织建立了党支部和工会，诸多社会组织的职工纷纷加入了区域联合工会。

（四）扩大了工会工作的社会影响力，打造了工会工作新的服务品牌

通过持续购买和广泛宣传，"唱响京城好声音"、"环卫工人爱心驿站"、"工企联动 · 三级覆盖——社工助推工会服务"、"古建领域非物质文化遗产传承人培养"、"外来务工人员服务平台"、"开发区企业员工心理援助站建设" 等 10 余个项目，获得了职工群众和基层工会的好评，得到了北京市委、市政府有关部门的认可，成为工会工作新的服务品牌，扩大了工会在职工中和社会上的影响。

二、基本考虑

（一）贯彻落实中央和市委提出的工作要求

2015 年，中央召开党的群团工作会议，明确要求各级党委

和政府要支持群团组织在党组织领导下发挥作用，加强对有关社会组织的政治引领、示范带动、联系服务。北京市委、市政府高度重视工会工作，先后印发了《中共北京市委关于进一步做好工会工作的意见》和《中共北京市委关于贯彻〈中共中央关于加强和改进党的群团工作的意见〉的意见》，要求“工会组织要发挥引领、聚合作用，培育、联系一批职工互助类、职工志愿服务类社会组织，使更多的社会力量和资源参与到服务职工群众中来，为职工群众提供专业化、职业化、社会化服务。加大工会与其他社会组织合作力度，建立健全委托服务机制和综合评审机制，通过规范方式将一些服务职工项目委托给合适的社会组织承接”。

2013 年，国务院办公厅印发《关于政府向社会力量购买服务的指导意见》。2016 年，全国总工会印发《中华全国总工会关于推进工会联系引导劳动关系领域社会组织工作的意见》，提出“加强联系合作，通过购买服务等方式为职工提供优质的服务。要广泛收集、分类梳理职工需求，对于需求相对集中、比较效益突出、较为适宜由社会组织承接的服务项目，通过购买服务的方式交由社会组织承担”。北京市政府办公厅也印发了《关于政府向社会力量购买服务的实施意见》。这三个文件阐述了在新的形势下开展向社会力量购买服务的重要性，并对购买服务的原则方向、购买主体、承接主体、购买内容及绩效管理等作了工作部署。与此同时，市财政局、市民政局、市工商局、市委社会工委等部门也对购买服务工作进行了部署。中央和市委的文件精神对于工会组织转变职能、创新工作的方式方法具有重要的指导作用。工会组织作为党领导下的人民团体要按照中央和市委、市政府的工作部署，并结合自身的工作职责和实际，在工作中积极地加以落实。

（二）服务首都职工群众提出的现实需求

一是服务对象发生了变化。随着改革的不断深化，职工的构成和分布都发生了显著的变化。外资、民企等企业职工，“北漂”、“蚁族”、“农民工”及“80后”、“90后”青年职工大量涌现，职工队伍发生新变化。二是职工群众的服务需求提高了。随着职工知识层次的提升、视野的开阔，越来越要求工会组织提供多样化、专业化和个性化服务。三是社会组织有了较快的发展。通过近年来的政策扶持，北京各类社会组织有了快速发展。很多社会组织一直在从事着服务职工的工作，通过购买社会组织服务的方式可以更有针对性地、更好地为服务对象提供更加贴心细致、个性化的服务，延伸工作手臂，效果也更好。

（三）促进工会组织改革创新的内在要求

一是发挥枢纽型社会组织作用的需要。工会是北京市社会建设领导小组办公室认定的首批枢纽型社会组织。在北京市的社会组织中，为职工服务的社会组织占了较大的比重，通过开展购买服务工作，将其引导到工会主导下的为职工服务工作中来，既为职工提供了服务，又引领了社会组织的发展、加大了社会协同的力度，是一举多得的好事。二是落实党政工作要求的需要。党政部门对开展购买服务工作提出了原则性的工作要求。一些党政部门通过购买社会组织服务的方式为服务对象提供服务取得了良好的成效，也为工会组织开展工作提供了示范和工作借鉴。三是落实工会任务的需要。2013年，北京市总工会印发了《关于发挥工会枢纽型社会组织作用引导社会组织服务职工群众的工作方案》；2015年，又印发了《关于进一步发挥工会枢纽型社会组织作用的实施方案》，对购买社会组织服务工作提出了具体的工作要求，做好购买社会组织服务工作，可以有效地满足职工的不同需求，为职工提供更加个性化、专业化的服务，进一步推进工会工作的社会化。

三、主要做法

（一）摸清职工需求

开展一线职工服务需求调研，将一线职工需求比较强烈、基层工会现有力量不能完成、适合由社会组织提供服务的内容，分类别整合设计成购买服务项目，明确服务地点、目标人群、服务规模和预期效果等。

（二）细化工作流程

调研职工需求→制订工作方案→发布招标公告→审核资质资格→开展立项评审→完善实施方案→签订购买合同→开展过程监管→组织中期评估→开展绩效考核，共10个环节。

（三）制订工作方案与发布公告

汇总基层工会的需求报告和项目申请，制订购买社会组织服务工作方案。同时通过北京工社网和市委社会工委、市民政局等所属社会组织联络平台，发布工会购买社会组织服务项目通知，接受社会组织申报材料和咨询。

（四）开展项目评审

1. 评审要求。

一看主体资格。一是申报单位必须是经依法注册，具有独立法人资格的社会组织。二是申报项目的单位必须连续两年年检达到合格及以上等级。因违法行为被执法部门依法处罚未满两年，或因涉嫌违法违规正在接受有关部门调查的，不能作为项目申报单位。二看项目条件。一是购买的项目范围主要是职工群众迫切需要、社会组织能够承担的专业性、公益性、服务性项目。申报项目符合国家法律和方针政策，符合服务职工群众的要求，实施后能使职工群众受益、产生较好的社会影响及效益。项目具有可持续性，能够在职工中和社会上产生较好的品牌效应。二是相关项目得到其他有关部门的购买则不再继续列入市总的购买范围。三看类别要求。项目类别要符合经过需求调研后确定的类别项目。

2. 专家组成。

专家构成按照《北京市评标专家库和评标专家管理办法》规定，结合市总工会购买社会组织服务实际情况，确定专家具备的基本条件：一是从事项目管理、法律、社会工作、财务等相关专业领域并具有高级职称（或同等专业水平）；二是熟悉（或从事过）有关招标投标和政府采购的相关法律法规和业务知识；三是能够认真、公正、诚实、廉洁地履行职责；四是与项目申报单位和负责人无工作联系等；五是在评审中没有受过行政处罚或刑事处罚的记录；六是符合法律、法规和规章规定的其他条件。评审成员由五至七人组成。

3. 评审原则。

一是职工需求导向原则，围绕职工普遍性的需求进行；二是与工会重点工作结合原则，将工会重点工作延伸至社会组织中；三是互补性原则，尽量选择信用良好、社会影响力大、专业化水平高的社会组织和工会希望由社会组织承担的社会反响强烈的服务项目；四是精品原则，优中选优，给职工提供更专业的服务。

4. 项目打分。

根据相关法律、法规的规定，按照《北京市总工会购买社会组织服务专家评审标准》，评审采用综合评分评估法。从项目设计质量（50 分）、组织执行能力（20 分）、项目预算合理性（15 分）、项目社会效益（15 分）四个方面，以及项目可行性等 11 个小项进行评审。经专家打分、协商评议后，由市总工会社会联络部对拟入选组织征求市公安等部门的意见，并在市总工会网站公示，最终形成评审结果。

（五）进行项目实施

在项目实施阶段向项目申报单位发放批复意见和《服务项目实施指引》，签订项目合同，对项目资金使用、项目实施操作规程提出规范化要求，明确项目效果、完成时间、双方的权利和义务。原则上，项目资金分两次拨付，对于五万元以上的项目，第一次在签订合同后10个工作日内拨付70%（或50%）的资金，第二次在项目中期评估通过后拨付剩余30%（或剩余50%）的资金。

（六）组织绩效考评

在项目开展时间过半时组织对项目进行中期评估，全部工作完成后进行总验收。总验收由项目验收组按照《北京市总工会购买社会组织服务管理办法（试行）》进行验收，出具验收报告，验收合格的，该项目宣告结束。

全部工作完成后按照最终购买数量20%—40%的比例抽取一定数量的服务项目，交由专业评估机构实行第三方独立评估。评估结果作为该项目验收和下一年度购买的参考。条件允许可聘请独立第三方协助对项目进行全过程的监管。

（七）完善制度规范

制度是保证项目规范有序开展的基础和依据。要尽量制定完善各项制度，做到有章可循、有据可依。近年来，北京市总工会在颁布实施《北京市总工会购买社会组织服务管理办法（试行）》的基础上，又相继制定了项目过程监督管理、中期评估、绩效考核、经费使用管理四个方面的实施细则，立项评审、中期评估和绩效考核三个指标体系，以及项目合同和第三方监管合同两个示范文本，形成了较为完善的制度规范体系，为在全市工会系统广泛开展购买社会组织服务工作奠定了基础。

（八）利用信息化手段

利用信息化工具不仅能够与社会组织开展即时交流，及时了解购买服务的项目进展和动态信息，而且掌握了相关社会组织的动态信息，进一步加强了工会与社会组织的联系。同时，减少了社会组织的工作量，提高了工作效率。

四、制度建设

为了规范工会购买社会组织服务项目，北京市总工会加强制度建设，先后制定出台了《北京市总工会购买社会组织服务管理办法（试行）》、《北京工会购买社会组织服务项目过程监督管理实施细则（试行）》、《北京工会购买社会组织服务项目中期评估实施细则》、《北京工会购买社会组织服务项目绩效考核实施细则（试行）》、《北京工会购买社会组织服务项目资金使用管理实施细则（试行）》、《北京工会购买社会组织服务立项评审指标体系》、《北京工会购买社会组织服务项目中期评估评分标准》、《北京工会购买社会组织服务项目绩效考核指标体系》、《北京工会购买社会组织服务项目合同》、《第三方监管合同示范文本》、《北京市工会社会组织合作单位管理办法》等。

五、经典案例

（一）北京市西城区睦邻社工事务所：工企联动·三级覆盖——社工助推基层工会服务

1. 项目背景。

特大城市商务楼宇中的中小企业，“80后”、“90后”是职工主体。他们不仅面临繁重的工作压力和人际关系困惑，而且受到来自家庭及情感的压力。如何有效地服务商务楼宇中小企业职工，是当前城市工会组织面临的重要问题。

2. 项目目标。

（1）充分发挥工会枢纽型社会组织作用，与专业社工团体合作，探索新形势下基层工会组织服务职工的方法和渠道。

（2）增强基层工会和中小企业之间的联系，扩大工会组织的覆盖面和影响力。

3. 项目内容。

西城区基层工会组织依托社工团体，分别从街道、社区、楼宇工作站三个层面开展服务工作，满足企业和职工群众的多样化需求。

（1）街道层面：深化“开心工作坊”服务，先后开展了“奔跑吧陶然亭”午间运动会、德胜街道企业员工午间趣味运动会、西直门宾馆趣味运动会、德胜街道午间运动会、时尚健康平板支撑比赛等活动，丰富了职工的精神文化生活。

（2）社区层面：发展社企联动服务模式，先后开展了企业女性领导力专题讲座、社企联动——企业员工与社区居民外出交流活动、米市社区年度会员企业答谢会、“一企一品牌”等活动，搭建了社区资源共享平台，协助企业履行社会责任。

（3）楼宇层面：利用楼宇工会工作站，先后开展了“绿色兑换献爱心、低碳生活倡环保”、“拾回忆畅未来”、企业员工室内RM、国英一号企业职工“启喑学校公益行”、企业员工庆生会、“幸福启航”单身青年联谊交友活动、元宵灯谜会、员工团队建设出游活动等，为企业及职工提供个性化的深度服务。

4. 项目成效。

（1）经过三年的努力，初步探索出了一套基层工会组织依托社会组织，服务商务楼宇企业职工、促进企业履行社会责任的工作模式，即以楼宇工作站为平台，实现工会、企业和职工的有机联动，逐步扩大基层工会影响力。

（2）基层工会组织与专业社工机构开展合作，扩大了工作覆盖面，拓展了服务渠道，提升了服务能力，为城市中心区域基层工会发展探索了有效路径。

（3）专业社工机构与基层工会合作，有效解决了工作对象单一、工作场所及工作资源不足等问题，实现了互利共赢。

5. 社会组织。

北京市西城区睦邻社工事务所成立于2010年，是北京市较早面向商务楼宇开展企业社会工作的专业社工机构。经过多年实践，事务所凭借优秀的社工队伍、专业的社会服务以及与政府及相关部门的有效沟通合作，在企业社会工作领域收获了一定的成效，被授予“民政部企业社会工作实务基地”。从2014年起，事务所连续三年承接北京市总工会购买服务项目，形成了一套规范的、可复制的企业职工“开心工作坊”服务方法，连续三年被评为优秀项目。

（二）北京室内装饰协会：“鲁班”工程——培养古建领域非物质文化遗产技术传承人

1. 项目背景。

古建及装饰技术是中国传统文化的精华、古老文明的结晶。近年来，复古建筑、仿古建筑建设方兴未艾，但存在着古建领域严重缺乏技术带头人的突出问题。工会组织协助培养古建技术非遗传承人，不仅是提升建筑业职工技能的具体体现，更是弘扬工匠精神、培养大国工匠的重要形式。

2. 项目目的。

（1）继承和弘扬中华民族建筑传统文化，增强公众非物质文化遗产传承意识，提升古建筑专业职工技术水平。

（2）工会发挥枢纽型社会组织作用，与专业培训机构合作，探索新形势下传承工匠精神、提升职工技能素质的方式方法。

3. 项目内容。

采用课堂授课与实地教学相结合的方式，进一步充实和提升古建职工的理论知识和专业技能。

（1）每年邀请古建专家，举办两次古建技术工人培训班，讲授《古建专业知识》、《中式家具与室内装饰》等内容，让职工们感受到中华传统文化的博大精深和无穷魅力，从中了解中国古建筑装饰风格、特点，更多地掌握行业专业知识。

（2）理论课后，在古建筑较集中的河北省承德市安排实地教学，通过现场考察和讲解，答疑解惑，让学员能够尽快掌握并巩固所学知识。

（3）安排专家实际操作和演示相关工艺的重点，专家手把手指导学员进行操作，提高实践经验，使所学技能运用到施工中，真正成为古建室内非物质文化遗产技术继承人。

4. 项目成效。

（1）通过三年的努力，累计培训500余人次，形成了一套完整的培养古建室内非物质文化遗产技术继承人的模式，深受广大职工欢迎。

（2）工会组织与专业机构合作开展技能培训，弥补了自身专业不强、人手缺乏等问题，充分体现了工会组织服务职工的作用，扩大了工会在职工中的影响力，同时拓展了工会组织为行业企业服务的范围。

（3）社会组织借助工会组织的资金、项目资源，进一步规范培训流程、扩大培训规模、提升培训效果，实现业务拓展和自身发展互利共赢。

5. 社会组织。

在市总工会的大力支持下，北京室内装饰协会以继承和弘扬中华民族丰富的传统文化、提升非物质文化遗产传承意识和专业人员素质为使命，于2013年9月，在河北省承德市举办了第一期“鲁班工程——培养古建室内非物质文化遗产技术继承人”培训活动，至今累计已经举办了六期培训班，培训效果良好，成为古建筑培训的第一品牌，得到了业界认可，口碑良好。本项目被评为北京市总工会2013年优秀项目，2014年经市总工会推荐，被市社会建设办公室评为“2014年度北京社会组织公益服务品牌铜奖”。

（三）北京市朝阳区智耘弘善社会工作事务所：城市环卫工人爱心驿站

1. 项目背景。

长期以来，休息难、饮水难、如厕难等现实问题一直困扰着广大环卫职工。关心关注环卫职工工作生活，满足环卫职工实际需求，成为城市基层工会组织服务职工的重要内容。

2. 项目目标。

依托社会组织，整合社区资源，引导社会单位为环卫职工提供休息场所和相关服务，展示基层工会组织服务职工的良好形象，在全社会营造关爱职工的良好氛围。

3. 项目内容。

（1）在北京市朝阳区两个街道，依托美发店、医院、社区工作站等社会单位，通过张贴“爱心驿站”标志，设置爱心休息椅，配置热水瓶、微波炉等形式，建设了 10 个环卫职工爱心驿站，为环卫职工提供短时休息、喝热水、吃热饭、上厕所等贴心服务，满足环卫工人的实际需求。

（2）引导相关社会单位，为环卫职工提供了免费理发、赠送书报等服务，并尝试开展手工技术培训、心理健康讲座等 20 余次活动，共计服务 1000 余人次。

（3）根据环卫职工的需求，组织大学生志愿者为环卫职工子女开办了两期、每期一个半月的课外兴趣班，提供美术、音乐等兴趣课堂教学，共计辅导孩子 100 余人次，受到环卫职工及其子女的一致好评。

4. 项目成效。

（1）经过两年努力，初步探索出基层工会依托社会组织，为环卫职工群体提供便捷服务的成熟模式和项目管理方法。

（2）通过媒体宣传，引导社会各界更加重视环卫职工群体的社会贡献和现实需求，引导社会组织为环卫职工群体提供切实帮助，积极营造互相关爱、和谐共处的社会氛围。

(3) 为基层工会组织服务户外劳动者工作提供了有益借鉴，全国总工会、北京市总工会相继发文，要求所有基层工会服务站向户外劳动者开放，直接为他们提供必要帮助。

5. 社会组织。

北京市朝阳区智耘弘善社会工作事务所，成立于2008年，在京津冀地区拥有60多处服务站点（基地）。事务所探索建立了全国首个慈善社区、全国首个青少年国学复兴行动、全市首个义工服务基地、全市首家社区青年领袖成长中心、全市首个大学生社工实验基地并形成工作品牌，承担了党政和群团组织委托的社区青年汇、公共管理服务第三方评估、社区服务中心托管、社区党建研究、社会组织孵化培育、社会工作教育培训、养老服务管理咨询、特殊群体救助、对口支援地区扶贫等重点任务，先后获得北京市基层服务型党组织建设典型案例、北京市新农村党建创新奖、北京市朝阳区社会工作领域基层服务型党组织建设十大优秀服务品牌、北京市朝阳区社区青年汇工作特别贡献奖等荣誉。

第二节 四川工会经验：探索与共青团、妇联等群团组织联合建立社会组织或社会服务平台

近年来，四川省总工会以建设“大群团”格局的工作阵地、社会协同的服务窗口、承接政府购买社会服务的重要平台、爱心企业的“公益伙伴”、服务群众和服务基层的公益平台为发展方向，统筹发挥党的群团组织自身特色优势，合作建立社会组织或社会组织服务平台，积极探索社会力量协同思路和路

径，不断整合社会资源，实现信息与资源共享，探索建立多元化协同、开放式服务、项目化运作、科学化评估、制度化运转的工作机制，有效引导社会力量参与社会治理，服务职工群众，促进社会和谐。

一、从上到下、分层分片，搭建“门店式”的服务平台

（一）构建双重领导体制

为进一步总结2013年“4·20”芦山地震后形成的雅安经验，加快探索群团组织协同社会力量参与社会治理的路径和载体，四川省率先建立省级群团组织社会服务中心（以下简称省群团中心），成立四川省群团组织参与社会治理协调小组（以下简称协调小组），由省委分管群团工作的常委任组长，省政府常务副省长任副组长，省财政、民政、公安等党政部门和省总工会、团省委、省妇联等群团部门为成员单位，负责研究制定群团组织参与社会治理的总体规划、实施方案等，协调小组办公室设在团省委，负责日常事务。同时，为实现社会化、专业化发展，省群团中心在四川省民政厅登记注册了民办非企业单位性质的四川协力公益发展中心，团省委作为其业务主管单位，由省群团中心副主任兼任负责人，并招募了六名具有社会组织工作经验的专职人员负责日常工作，实行“两块牌子一套人马”。根据工作需要，省群团中心还从基层抽调了挂职干部，形成了“专、兼、挂”相结合的工作队伍，从而建立了领导决策指挥层和工作执行层双重体系，既保证了正确的政治方向，又推动了业务工作与公益慈善领域的有效接轨。为保障中心各项工作有效开展，根据协调小组工作部署，省财政每年安排50万元中心工作经费，各相关群团部门结合委托省群团中心开展的项目发布、项目培训、项目监督、项目评估等工作进行相应经费资助。

（二）建立协同工作体系

为调动社会各方力量精准服务群众需求，较好地解决联系服务群众“最后一公里”问题，四川省总工会积极创新理念和活动载体，着力推进群团组织社会服务中心建设，牵头建立了省、市、县、乡、村五级群团组织社会服务中心（站），搭建了社会协同工作体系，使之成为联系服务广大群众的重要平台。通过构建扁平化的中心体系，形成“漏斗形”工作架构，推动资源、力量、手段下沉到惠民帮扶中心（站、点），向乡镇（街道）、村（社区）、企业延伸，使工会组织实现对新领域和农民工群体的有效覆盖，加快建立“分级负责、上下联动、区域协作”的群团工作体系，进一步激发基层工作活力，夯实基层基础，增强服务群众的能力和水平。此外，为保障基层群团中心有人办事、有钱办事、有阵地办事，通过“定政策、定人员、定阵地、定经费、定机制”的“五定”方案，确保基层群团中心常态化、长效化运转。

（三）健全完善工作机制

积极探索建立多元化协同、开放式服务、项目化运作、科学化评估、制度化运转的工作机制，定期召开项目通气会、洽谈会、对接会等，积极吸引社会组织开展公益项目。建立群团承接政府购买社会化服务、委托群团承接社会公共事务的机制，建立党政部门、群团组织、专家学者、社会组织和一线干部群众共同参与的群团参与社会治理的科学化研究评估机制，实现群团组织协同社会力量服务群众的平台化、集成化、窗口化。构建服务平台服务机制，推进群团服务中心和惠民帮扶中心的规范化、专业化、社会化建设，加快融合群团和政府等各方资源，切实发挥群团中心的组织主体和实施主体作用，积极主动承担群团组织服务大局、服务职工的各项活动，联合相关社会组织积极参与政府在技能培训、职业介绍、法律援助、社会救助等方面的社会化购买服务，使之成为承接政府转移职能、整合社会资源、引导社会参与、协调社会关系的服务组织。

二、对接需求、统筹资源，发挥“枢纽型”的跨界优势

（一）编制服务项目

各级群团组织社会服务中心广泛收集群众需求，编制和储备社会服务项目，汇编了《协力公益项目推介手册》、《四川省重点贫困区域社会扶贫项目推介手册》等，列编制、列清单，切实加强公益性项目、政府购买服务项目、社会协同项目等项目的分类管理，仅省群团中心收集的各类社会服务项目就达3000余个，形成了分级分类项目库，将碎片化的群众需求整合为整体化社会服务项目，实现了工作“项目化”，为群团部门联系引导相关社会组织参与社会服务提供了有效载体，为进一步发挥“大群团”格局优势、服务民生事业“大改善”作出了重要贡献。同时，四川省级群团部门所属基金会立足自身优势，积极搭建活动平台，通过群团中心以社会化、项目化方式集中向各市州群团部门、社会组织发布公益项目，全面参与职工群众权益维护、困难救助、司法援助、社区矫正、心理辅导等基本公共服务和社会管理性服务。积极推进户外劳动者休息站点建设，在全省各市州建设“15分钟之家”、“户外劳动者歇脚点”、“环卫工人休息站（爱心驿站）”，组织开展了一系列颇具特色的“小活动”，广泛联系社会组织，不断探索群团组织联系、凝聚、影响、服务、协调社会组织的有效路径。

（二）推动跨界合作

在协调小组的领导下，加强政府相关部门与群团单位之间的横向联动，通过整合群团部门和社会各界的资源和项目，建

立群团部门信息互通、项目共推、资源共享的工作格局，形成了群团部门通过群团中心协同社会力量的整体合力。通过积极搭建平台，引进社会资源，争取社会各界有关机构、个人的支持与合作，促进外部资源在四川开展公益项目。通过公益慈善交流会、社会服务项目发布会等方式，各群团单位广泛发布各类服务项目，争取相关社会组织合作，引导社会组织入驻四川，建立合作关系，对接落实社会资源，助力四川发展。比如，在四川省群团组织参与社会扶贫工作座谈会上，相关省级群团单位通过省群团中心发布项目，先后与中国扶贫基金会、中国社会福利基金会等签订社会扶贫项目七个，项目总金额 3683 万元。为引导企业、相关社会组织参与群团组织有关项目，实施“协力公益直通车”计划，为企业、相关社会组织提供洽谈咨询、产品推荐、公益订制、项目执行、监督反馈等“一条龙”服务。同时，加快完善项目化管理机制，在深化“四季送”等品牌项目的基础上，完善工会工作项目化管理和运作模式，把工会的组织优势与项目化管理的科学方法有机结合，在组织建设、岗位建功、民主管理、依法维权等方面，打造更多、更有实效和社会影响力的品牌项目，推动跨界合作取得新成效。

（三）开展“招善引慈”

各级群团中心广泛开展“招善引慈”、“招善引资”等活动，积极参与社会治理，服务民生改善，促进社会和谐，努力成为爱心企业的“公益伙伴”、服务群众和基层的“公益总部”。主动“走出去”，赴北京、上海、深圳等地拜访国字号知名基金会，加大沟通对接力度，先后与中国社会福利基金会、中华少年儿童慈善基金会等 60 余家非群团部门所属基金会达成长期合作协议；与中国扶贫基金会、壹基金、南都基金会等 10 余家基金会建立战略合作关系，争取更多资源通过省群团中心投入四川各地，助力四川公益行业发展和民生改善。自成立以来，省群团中心先后整合壹基金、中国扶贫基金会、神华科技基金会、友成基金会、安利基金会等省外基金会项目资金9000余万元，用于支持各地就业创业帮扶、青少年及特殊群体关爱、设施设备援建、社会组织能力建设等。同时，还加强与腾讯基金会、友成基金会等组织合作，搭建公益项目网络众筹平台，支持市州群团中心通过“互联网+公益”方式整合资源。

三、延伸手臂、多元协同，构建“社会化”的工作模式

（一）购买社会服务

按照协调小组的要求，四川省总工会探索运用市场机制调动资源，积极对接其他省级群团部门及所属基金会资源，联合购买社会组织服务。主动与财政、民政等部门沟通，争取政府制度性安排，进一步明确服务种类、性质和内容，完善相关制度体系，明确各方应履行的责任，保障参与各方的合法权利，为政府购买服务的顺利开展营造良好的环境。广泛收集、梳理职工需求，对适宜由社会组织承接的服务，通过购买服务的方式委托社会组织提供专业化服务。通过建立群团组织参与社会治理工作协调机制、群团部门联席会议工作机制、群团所属基金会联席会议机制等，打通了群团中心整合社会资源、购买社会服务等工作路径。通过购买社会服务，不仅可以更好地凝聚、影响、服务、协调社会组织，充分发挥“大群团”格局优势和群团组织联系服务群众的枢纽作用，还可以探索新形势下聚合社会组织力量参与民生工程、服务四川经济社会发展的方法路径。省级群团部门及所属基金会通过省群团中心平台发布、购买的社会服务项目内容涉及就业创业培训、留守儿童关爱、特殊困难群体关怀、社区建设与发展、生态保护等领域，通过购买社会服务，既解决了群众普遍关心的问题，让老百姓享受到

了更多实惠，同时也激发了社会组织服务民生的热情。

（二）发展协力伙伴

突出公益服务，秉承“社会协力公益四川”的宗旨和开放的原则，四川省总工会将“公益”作为切入点，广泛联系社会组织，进一步发挥省群团中心联系、团结、服务和引导社会组织的枢纽作用。通过邀请基金会、社会组织、爱心企业等作为“协力公益伙伴”，共同支持和参与四川公益事业发展。通过各种培训、讲座以及交流分享会等方式，增强与社会组织之间的黏度，提升了对社会组织的影响力。通过统筹推广和立体宣传，提升了工会整体形象。常态化开展“社会组织协力网络”、“天府伙伴计划”、“减灾小课堂”、“童伴计划”等主题公益交流活动，吸引、凝聚了一大批社会组织和媒体机构，逐步形成公益交流品牌项目，广泛引导公众参与社会组织、志愿服务团队的各项活动，传播公益理念，弘扬公益文化。目前，省群团中心与省内外多家基金会及社会组织建立了常态化联系，发展了大量基金会、社会组织“协力伙伴”，已经成为四川省最大的枢纽性社会组织平台。

（三）构建协同网络

四川省总工会联合各地群团单位及群团中心建立当地社会组织“协力网络”，为各地社会组织开展法律讲座、理论培训、案例分享等活动，极大地增强了各地群团组织和群团中心对社会组织的引领能力。通过开展全省群团组织干部参与社会治理专题培训，培养了一批熟悉社会协同的群团干部，有利于基层群团中心的社会化运作、项目化推动和规范化管理。通过联合相关高校建立社区发展、儿童保护、减灾防灾、志愿服务等专业领域“协力网络”，加强对社会组织理论指导和专业能力培养，为社会组织发展提供人才和智力支持。通过建立各地“协力网络”和专业领域“协力网络”，构建了纵横交织的社会组织联系服务工作体系。比如，雅安市依托市、县两级群团中心通过四川农业大学对全市基层群团干部开展社会工作专业知识培训，先后培训基层群团干部300余人，实现了对基层群团干部培训全覆盖，切实转变了基层群团干部的工作理念、工作方式，有效提升了基层群团干部社会协同能力。

（四）培育示范组织

结合四川初创期社会组织数量庞大且能力普遍亟待提升的状况，四川省总工会实施了“天府伙伴”计划，对初创期社会组织负责人进行集中理论培训、外出参访学习以及实地督导指导等培养，通过为期一年的活动助力机构快速成长和发展，为社会组织提供多元化、精细化服务，搭建了信息沟通、资源对接、活动开展、能力建设和人才培养平台，团结和凝聚了一大批社会组织，培育了一批示范组织和公益人才。同时，结合公益组织专业人才匮乏情况，实施“大学生公益人才协力计划”，与四川大学、西南财经大学等省内10余所高校以及100余家社会组织签订大学生公益人才培养协议，建设大学生公益实践基地，建立公益人才联合培养机制，实现了高校人力资源与社会组织需求的有效对接，为政治可靠、公信力好、专业性强的社会组织提供了极大的支持和帮助。

第三节 上海工会经验：推进劳动领域社会组织工会建设

一、加强对劳动领域社会组织的组织覆盖

中央党的群团工作会议要求，群团组织设置要做到“怎么有利于做好工作，就怎么建组织”，并强调要以改革的办法

来推动工作。

（一）以“三先三再”工作方式推动和鼓励劳动领域社会组织的单独建会

社会组织有别于企业实体，它是松散的民间组织，如果采用传统的工会组建思路，即偏重于覆盖，只注重建起来，那么，可能出现的情况是：尽管在社会组织中建会，但社会组织中的成员对工会的感受度和参与度不会很高，工会的有效运转也会大打折扣。

因此，针对广大工作在社会组织中的职工，可以通过“先工作覆盖再组织覆盖，先服务职工再组织职工入会，先企业外入会再推进企业内建会”的方式，鼓励和推动劳动领域的社会组织的单独建会，从而建立工会间的组织联系。

（二）结合社会综治理念，以网格化形式的工会联合会为基础实行区域组织覆盖

根据习近平总书记在2017年全国“两会”上提出的要求，在党建引领下的基层自治共治格局中工会要发挥好作用。因此，上级工会可以通过适当方式推进以职工为主体的企业自治，推进基层民主协商，在党建的引领下，在劳动领域建立多元多层的协商机制和纷争解决机制。可以按照网格化管理的思路，根据社会组织和职工分布形成基本网格单元，把工会服务职工的服务主体（工会组织、工会社工等）、服务资源、服务项目（清单）纳入网格体系，明确责任、明确任务、明确要求，责任到组织、到个人，从而达到“职工需求在网格中发现，服务资源在网格中整合，诉求问题在网格中解决”。

（三）结合区域行业特点，以区域性、行业性工会联合会为载体实行条线组织覆盖

上海市总工会曾在2015年印发了《关于加强街镇“小三级”工会组织规范建设的指导意见》，文件明确了街镇“小三

级”工会是由街镇、开发区总工会，区域性、行业性工会联合会，企业工会、联合工会所构成的三级基层工会组织体系。街镇“小三级”工会是工会组织体制的重要基础，是工会履行维护服务职能的重要阵地，是工会参与社会治理、促进社会和谐的重要力量。按照地域相近、行业相同的原则，依托村居、楼宇、园区、街面等，以“条块结合”的方式建立街镇层面的区域性、行业性工会联合会。推动区域性、行业性工会联合会实体化运作，承担起在“小三级”组织体制中承上启下的职能。区域性、行业性工会联合会可以发挥好承上启下的作用，在“上代下”维权中服务“双实”工会、服务职工群众。主要职能有：（1）推进实地实体型单位工会组建，拓展依靠职工建会的路径和方法，吸引职工自愿加入工会。（2）建立健全“上代下”维权机制。开展区域性、行业性集体协商，指导帮助所辖单位工会建立集体协商机制、签订集体合同，建立以职代会为基本形式的民主管理制度。建立区域性、行业性劳动保护及劳动法律监督机制，保障好、落实好职工合法权益。（3）建立区域性、行业性劳动争议调解组织，预防调处劳资纠纷，创建和谐劳动关系。（4）结合职工需求，组织开展富有区域、行业特色的工会活动。

二、从工会角度搭建符合劳动领域社会组织实际工作需要的服务体系

（一）围绕“社区社会组织服务中心”平台，创新工作方式，对接服务内容

社区社会组织服务中心主要功能是将适合社会组织提供的服务和承接的公共事项交由社区社会组织来承担，支持社区社会组织积极、有序地参与基层治理。建立政府购买服务公共平台，加大政府购买服务力度，完善购买服务机制、流程和绩效

评估办法，引导社区社会组织按照群众需求，提供社会化、专业化、差异化的社会服务。各级工会可以依托社区社会组织服务中心平台，以深化“双向联系”、“双向服务”、“双向认领”机制为基础，落实“双报到”、“双报告”制度，更多实现资源共享、阵地共享、服务共享、信息共享，从而实现社团融合、工作融合、感情融和。

（二）主动对接政府职能部门，掌握了解各类社会组织评价等级，推送基层工会参考使用

工会组织除了可以“上代下”，还可以积极对接政府资源，争取最大限度地“以外助内”。具体做法，如通过主管社会组织登记的民政部门，掌握劳动领域社会组织的评估等级，推送基层工会；主动与各地方的经济和信息委员会会商，将社会组织是否建会列入事中、事后信息管理平台，并作为能否承接购买服务的参考指标之一；以大数据等现代媒介方式，与有关职能部门协商建立劳动领域社会组织购买工会服务的归集信息平台或机制，并帮助基层工会建立查询接口，以此作为评估参与购买服务的劳动领域社会组织的参考指标之一。

（三）依托区域性、行业性工会联合会，开展劳动领域社会组织员工喜闻乐见的竞赛和活动

依托区域性、行业性工会联合会开展活动，需要坚持“转变作风，创新思维”的工作方式。转变作风，就是要摒弃机关化、行政化、贵族化、娱乐化的倾向，摸准劳动领域社会组织职工的需求、改变活动的组织开展方式、精心设计活动内容，多设计开展一些既让职工群众喜闻乐见，又具有一定教育性、思想性的活动。创新思维，就是要利用新媒体、新技术、新思维，使工会工作的手段、方式不断与时俱进。比如，“互联网+”思维，以省市区各级工会组织的官网、微信公众号、微博、服务热线、App 客户端等媒体媒介，让职工特别是青年职工在网

上参与活动、得到服务。再如，公益思维，现在很多职工群众对参加公益活动的热情和需求比较旺盛，工会组织可以多设计一些群众性公益活动，引导用好职工的公益热情，这样的活动既有意义，大家也乐意参加。

三、建立科学实用的劳动领域社会组织工会工作培训机制

（一）建立以提升工会理论知识为主要内容的培训机制

劳动领域社会组织作为工会组织购买服务的承接方，如果不了解不掌握工会理论知识，不会“工言工语”，那将无法保证服务内容能够真正惠及广大职工群众。有鉴于此，要通过建立培训机制，定期开展授课式的集中培训，按照劳动领域社会组织内不同层级，如理事长、项目负责人、团队成员等，分批开展工会理论培训，围绕工会组织性质、工作宗旨、主责主业等重要内容进行讲解，并组织统一考核，将考核内容作为参与购买服务的重要参考指标之一。

（二）建立以兼挂职为主要方式的现场教学培训机制

自群团改革开展以来，在工会组织实行专兼挂制度，拓展工会干部来源，优化工会干部结构，已经成为一种趋势。在这样的大背景下，各级工会组织在实行兼挂职制度时，可以基于双向选择原则，分批引入符合工会组织条件的劳动领域社会组织的重要骨干、优秀员工加入工会干部队伍开展日常工作，并将工作内容视为教育培训的重要组成部分，通过实际工作使劳动领域社会组织近距离感受工会组织，从而走进工会组织，融入工会组织。

（三）建立以规范工作流程为主要抓手的业务能力培训机制

工会组织购买服务工作，有别于政府购买公共服务工作，

作为人民团体，服务的对象是广大职工群众，在项目设立、招投标流程、项目内容、项目资金使用、项目评估等方面，都有自己的特点和要求。因此，各级工会组织要在规范完善购买服务制度流程的基础上，组织开展多种方式的业务培训，如案例分析、授课答疑、场景模拟等，通过生动、实际、简洁的方式实现教学的目的。

第四节　重庆工会经验：建立工会与劳动领域社会组织联系机制

为加强对劳动领域社会组织的联系服务引导，实现职工、相关社会组织和工会组织的互联互通，提升服务职工的能力和水平，促进社会组织健康持续发展，按照中央关于群团改革的要求，各级工会组织要积极探索建立工会与劳动领域社会组织联系机制，接长手臂、延伸触角，形成链条、扩大影响，把更多职工和社会组织团结凝聚在党的周围。

一、把劳动领域社会组织的优秀代表人物吸收到工会组织中

（一）吸收优秀人物

注重把在本地区、本行业中具有较大影响的劳动领域社会组织的工会负责人、具有较大号召力的工会会员代表，有计划地吸收到各级工会组织之中。特别是对人员场所不固定、开展活动分散灵活、暂不具备建会条件的相关社会组织，采取“引导好”的方式，有计划地把社会组织中的优秀人员吸收到各级工会组织之中，对其进行有效引领，发挥好优秀代表人物对所在群体的服务导向作用。

（二）传递工会声音

充分发挥工会的枢纽型组织作用，联系和引导劳动领域社会组织，既是党中央赋予工会组织的重要政治责任，也是工会适应形势发展、接长服务手臂、提升服务专业化水平的必然要求。各级工会要通过吸引社会组织优秀代表人物，将工会组织的声音传递到所在社会组织的其他职工中去，对其进行有效引领，发挥好优秀代表人物的示范带动作用。

（三）增进相互了解

劳动领域社会组织门类较多、层次不同，涉及经济、政治、文化、社会等各个领域。有的社会组织更是不知道工会组织是干什么的，工会组织也不知道其他社会组织的服务内容、联系方式等，存在互不联系、互不沟通、互不关心的现象。各级工会组织通过吸引优秀代表人物等方式，进一步增进工会组织与社会组织的相互了解，增进了互信。

二、选派优秀工会干部到劳动领域社会组织中挂职

为不断拓展工会干部挂职锻炼渠道，进一步加深对社会组织和职工的感情，有计划地选派工会机关干部到劳动领域社会组织挂职。

（一）挂职干部职责任务

主要是履行岗位职责，分管或承担具体业务工作，深入基层一线联系服务职工，收集反映职工诉求，为加强和改进工会工作，特别是联系和引导劳动领域社会组织建言献策。

（二）挂职干部选派原则

按照分级、择优选派的原则，由省市、区县总工会与全市性、区县属社会组织的业务管理部门或其他有关部门对接，在充分征求相关社会组织意愿的情况下，鼓励支持省市、区县总

工会机关的优秀工会干部到规模较大、影响力较强、联系职工较多的社会组织中挂职。根据工作需要合理确定挂职期限，原则上不少于一年。

（三）挂职干部日常管理

挂职干部，由派出单位和挂职单位共同管理，以挂职单位管理为主。挂职期间，行政关系、工资关系保留在派出单位，原任职务不变，工作与派出单位脱钩。

（四）挂职干部考核评价

干部挂职结束后，由使用单位对其德才表现和履职情况作出书面鉴定，并反馈省市、区县总工会党组，存入本人干部人事档案，作为确定其年度考核等次的重要参考。

三、探索建立由工会主导的社会组织联席会议制度

立足工会组织职能定位，积极主动参与社会综合治理，采取自己建或群团组织联合建等方式，探索建立劳动领域社会组织联席会议制度，对其进行有效引导和指导。

（一）形成思想共识

充分认识到建立联席会议制度是党政、群团、社会组织等多方的需要。

一是党政构建多元化社会治理服务体系的需要。2015 年 1 月 8 日，中共中央印发的《关于加强和改进党的群团工作的意见》要求各级党委和政府支持群团组织在党组织领导下发挥作用，加强对有关社会组织的政治引领、示范带动、联系服务。群团组织要通过服务来引导和促进社会组织健康有序发展。推动政府治理和社会自我调节、基层群众自治良性互动，促进多元治理主体协同协作协调、互促互补互融。构建在党政主导下的多元化社会治理服务体系，需要党政、群团和社会组织三方

共同努力，建立联席会议就是要搭建三方联系联动联手这样一个平台，最大限度地发挥各方作用。

二是工会等群团组织提升服务职工水平的需要。随着职工队伍结构的变化，职工需求更趋多元，特别是新生代职工视野更加开阔、自主意识更强，他们不再满足于传统的单一式服务，对差异化、精准化服务的需求更加迫切。劳动领域社会组织数量庞大、类别众多、形式灵活、专业性强，在回应不同职工群体需求、向职工提供精准服务等方面具有一定优势。因此，建立联席会议制度，有助于加强与社会组织沟通联系，调动运用各方资源，协同社会力量有效拓展工会服务职工的广度和深度，不断提高工会服务职工的社会化、专业化、精准化水平。

三是劳动领域社会组织实现更好发展的需要。《中华全国总工会关于推进工会联系引导劳动关系领域社会组织工作的意见》明确提出："加强引领带动，探索建立工会主导的区域性劳动关系领域社会组织联合会。"各级工会组织要采取自己建或群团组织联合建的方式，探索建立劳动领域社会组织联席（联系）会议制度，聚拢吸收一批社会组织，推动资源共享，促进互动交流，增强社会组织归属感，激发社会组织活力，更好地服务职工。

（二）促进共同发展

一是共同服务职工。劳动领域社会组织联席会议是为服务职工事业而建立起来的，开展工作要坚持正确的政治方向和工作目标，遵守宪法、法律、法规和国家政策，依法按制度开展活动；服务、团结、支持、联系劳动领域社会组织开展面向职工的各种公益性服务，维护职工合法权益，促进劳动关系和谐，共同致力于服务职工的事业。

二是共同打造平台。中央党的群团工作会议强调联系和引导相关社会组织，是群团组织发挥桥梁和纽带作用的一项重要任务。劳动领域社会组织联席会议，就是发挥工会作为枢纽型组织作用的有效平台，就是要通过工会有效串联起党政、社会组织和职工三方，在党政主导下，联系服务引导广大职工。同时，把党的声音和主张宣传到社会组织，通过社会组织把工作触角延伸到社会各个领域，调动各种社会资源和力量服务广大职工。

三是有效服务引导。联席会议要有吸引力，必须要有实在具体的内容。“联系”，主要是加强日常沟通、信息互通，通过劳动领域社会组织向其所联系影响的职工宣传党的理论和路线方针政策，了解不同职工群体的共同需求，研究精准服务职工的不同内容和方式。“引导”，主要是通过购买社会组织专业化服务方式，有效承接技能培训、技能大赛、心理咨询、法律援助、困难救助、公益服务等工会服务职工的项目，充分运用市场化、社会化的方式为广大职工提供多元化服务。“服务”，主要是为联席会议成员单位提供能力培训、群团建设、政策咨询等方面的帮助，促进社会组织持续健康发展。

（三）创新方式方法

一是探索联手群团组织。进一步加强群团组织的资源统筹、力量整合，统筹发挥党的群团组织自身特色优势，注重协调利用共青团、妇联等群团组织的服务平台，联合探索建立多元化协同、开放式服务、项目化动作、科学化评估、制度化运转的工作机制，共同开展劳动领域社会组织联系引导服务工作。

二是探索建立联席会议制度。劳动领域社会组织联席会议是联系协调机制，其成员单位为在民政部门登记注册的社会团体、社会服务机构、基金会，重点是涉及文化体育、职业介绍、技能培训、经济技术、志愿服务、行业协会等劳动领域社会组织。主要承担探索研究工会联系社会组织的有效方式，提供组建保障、业务拓展、能力提升、社会效益等方面的服务，共同搭建需求调查、诉求反映、工作评估、解决问题的交流平台，推动社会组织健康发展。联席会议设召集人三人，其中第一召集人由地方总工会领导担任，秘书长一名、副秘书长若干名，由秘书处负责日常工作开展，原则上，每半年召开一次工作会议，根据每次会议具体内容的需要，邀请相关政府部门及专业人士列席会议，列席人员无表决权，主要议题包括总结半年、年度工作情况，交流下一步工作计划，通过增补联席会议成员单位的申请，研究其他重大事项。

第五节　江苏工会经验：推动工会联系引导社会组织工作高质量发展

近年来，江苏省社会组织蓬勃发展，截至2022年，在民政部门登记注册的社会组织共有7.9万个，总量居全国第一位，其中劳动领域社会组织8974个。江苏全省工会认真贯彻落实《中华全国总工会关于推进工会联系引导劳动关系领域社会组织工作的意见》、《中华全国总工会关于工会购买社会组织服务的意见》、《中华全国总工会关于工会联系引导社会组织为职工提供专业化服务的指导意见》精神，坚持“巩固、拓展、提升”总要求，因地制宜、探索创新，推动工会联系引导劳动领域社会组织工作高质量发展。

一、精心谋划，夯实基础，推动工会联系引导社会组织工作起步开局

着力突出四个“强化”，为推进工会联系引导社会组织工作创造有利条件。

一是强化组织领导，提供工作保障。江苏省总工会高度重视工会联系引导社会组织工作，将此项工作列入省总工会“十

四五”时期深化工会改革重点机制建设内容，与工会改革同步谋划、同步部署、同步落实。成立工作领导小组，明确工作职责及各成员部门任务，定期召开领导小组会议，加强协作联动和分工配合。主动与民政、统战、工商联等沟通联系，开展调研督导专项行动，准确了解全省劳动领域社会组织数量规模、行业分布、活动内容、工作方式等情况，建立涵盖 842 家劳动领域社会组织、256 名社会组织领军人物的资料信息库。各级工会按照省总工会部署，加强组织领导，制定实施方案，建立制度机制，形成联系引导社会组织工作合力。

二是强化顶层设计，明确工作要求。江苏省总工会制定出台《关于推进工会联系引导劳动关系领域社会组织工作的实施意见》，明确指导思想、基本原则和目标任务，对进一步加强对社会组织的政治引领、示范带动、联系服务提出具体要求。制定出台《关于工会购买社会组织服务的指导意见》，明确承接购买服务主体的七个条件，购买服务的六项主要内容、八项程序及绩效评价的三项流程。各级工会结合本地实际，研究制定具体的实施办法，为联系引导社会组织服务职工奠定基础，如苏州湖东社区工联会制定《工会服务项目社企联姻会项目补贴申请具体操作办法》，探索以项目补贴和项目奖励的方式，对服务成效显著的社会组织予以激励。

三是强化业务培训，夯实工作基础。坚持每年举办工会联系引导社会组织工作培训班，邀请专家学者、政府部门和示范单位等相关人员授课，详细讲解社会组织的定义分类、发展情况、政策制度等，认真分析当前工作中存在的主要问题，交流分享工作经验，明确工作着力点和切入点，提高做好工会社会组织工作的能力水平。五年来，共培训工会社会组织工作干部 9570 人次，社会组织骨干 6798 人次。

四是强化资源整合，增强工作活力。将各级工会联系引导社会组织服务职工工作列入江苏省总工会“基层工会服务职工优质项目”、“基层工会工作经费专项补助”，通过项目申报、评比、确认等环节，联系引导社会组织服务职工工作进一步规范化科学化精准化。在全省建立16家工会联系引导社会组织工作试点单位，在苏州工业园区社会创新发展中心挂牌设立“全省工会联系引导劳动领域社会组织示范基地”，拨付专项资金培育扶持一批有代表性和影响力的社会组织，帮助它们走进企业、走近职工提供服务。

二、因地制宜，分类施策，推动工会联系引导社会组织工作落细落实

通过加强总体部署和分类指导，督查指导和现场观摩，总结推广不同经济发展区域工会联系引导社会组织工作经验做法，深入推动党中央关于群团组织联系引导相关社会组织决策部署和全国总工会要求落细落实。

一是推动苏南地区在“面”上拓展。苏南地区企业集聚度高，社会组织发展迅猛。江苏省总工会总结推广苏州工业园区总工会“工会引导、专业运作、多方协作、社会收益”的实践经验，以园区社会创新发展中心为工会培育孵化社会组织的基地，建立社会组织与企业互动服务中心等实体阵地，搭建“园工惠”职工综合服务平台等网上社企对接云平台，通过举办服务职工创新项目大赛等方式，实施项目化服务外包机制，推动更多条件具备的地区实现社会组织和企业工会良性互动、结对共建服务职工群众。

二是推动苏中地区在“线”上延伸。苏中地区公益类社会组织发展较为健全，拥有一批热心公益服务的志愿者团队。江苏省总工会总结推广泰州市总工会“工会组织+社会组织+职工志愿者”服务职工的工作模式，打造工会阳光新快线志愿者服

务队，开展“时间银行”志愿服务，形成“义工汇”服务职工品牌，开设“亲情壹家”、“筑梦青春”、“医路芳华”、“汇爱行动”等服务项目，为外来务工人员、职工子女、困难职工等群体，提供亲情关怀、助学、医疗、心理咨询等志愿服务。

三是推动苏北地区在“点”上突破。苏北地区经济发展相对较慢，但政府、工会主导程度较高。江苏省总工会总结推广连云港市赣榆区总工会的经验，建立社会组织工作联席会议制度，定期邀请政府相关部门及专业人士研究工会联系引导社会组织工作，讨论确定社会组织承接社会活动项目等事宜；在区总工会设立社会组织联络服务中心，作为服务社会组织的专门机构；在经济开发区党群服务中心设立社会组织孵化基地，由区总工会和民政局牵头培育；在社会组织中设立联络服务站、建设职工之家等。这些制度和阵地，为工会组织和社会组织的联系沟通提供了保障，为社会组织开展活动、拓展业务、提升服务能力奠定了坚实基础。

三、政治引领，服务引导，坚定工会联系引导社会组织工作目标方向

深刻把握工会联系引导社会组织工作的政治性、先进性、群众性，寓政治引领于联系服务中。

一是推动社会组织工会建设。贯彻落实全国总工会与民政部《关于加强社会组织工会建设的意见（试行）》要求，联合省教育厅、民政厅和卫健委开展全省社会组织建会集中行动，通过单独建会和区域性、行业性工会联合会覆盖相结合的方式，推动社会组织工会建设取得新突破，力争三年内实现社会组织建会率动态保持在90%以上，推动已建会的社会组织规范工会建设，不断增强工会在社会组织中的影响力。

二是注重团结引导劳动领域社会组织人士。推动各级工会

通过宣传教育、联谊交友、政治培养、挂职兼职等方式，保持工会对社会组织的吸引力感召力，发挥政治引领的积极作用。如南京江北新区总工会组织新区社会组织负责人通过线上线下的方式参观党史教育影像展，不断增强社会组织听党话、感党恩、跟党走的自觉性和坚定性。南通市总工会每年协助市委统战部做好包括劳动领域社会组织人士在内的非公经济组织代表人士综合评价工作，先后对345名代表人士的政治思想觉悟、社会责任履行、单位劳动关系和个人社会形象等方面进行考察，提高工作实效。连云港市赣榆区总工会与社会组织互派干部，将移动电商协会、心理咨询师协会的领军人物吸纳为区总工会委员，选派区总工会一名工会干部担任乒乓球协会副秘书长，一名工会社会化工作者进入社会组织孵化基地，加强与社会组织的沟通联系。

三是加强激励引导社会组织。建立健全激励机制，制定《全省服务职工优秀社会组织评估确认管理办法》，开展工会联系引导社会组织服务职工优秀集体评估确认工作，激发广大社会组织服务职工的积极性主动性。明确坚持党的领导、建立工会组织、服务职工效果明显等六项基本条件，以及被列入活动异常名录或严重违法失信名单等四条一票否决项，联系引导社会组织加强政治建设、组织建设、制度建设、能力建设，依法合规高效开展服务。截至2022年，已确认30家全省服务职工优秀社会组织，并发放专项经费补贴，支持其开展服务职工工作。在省总工会示范带动下，各地工会积极开展工会联系引导社会组织创新服务大赛、社会组织服务职工优秀项目评选、社会组织示范单位评定等，激励社会组织提升服务水平，健康有序发展。

四、围绕主责，突出主业，发挥社会组织服务职工积极作用

结合工会重点工作和职工实际需求，联系引导社会组织为职工群众提供多样、精准、高效、优质的专业化服务。

一是聚焦助力产改，发挥专业优势。开展工会联系引导社会组织助力产改试点工作，确定15家省级试点单位，联合省民政厅举办全省社会组织负责人产改专题研究班，支持试点单位联系引导社会组织从助力产业工人技能提升、创新创优、权益保障、队伍壮大以及机制建设等方面，开展差异化、特色化的探索实践。如苏州工业园区总工会推动党政出台《关于发挥社会组织职能作用 推动产业工人队伍建设改革落地见效的意见》，成立园区产改工作服务中心、社会组织孵化基地和产教融合校企联盟“三大阵地”，开创具有园区特色和多元社会力量广泛参与的社会组织助力产改工作新模式。各级工会充分发挥社会组织在职工技能等级认定、技能培训等方面的专业优势，积极助力产业工人技能提升，探索构建培训、练兵、竞赛、晋级一体化机制，联合283家社会组织建立培训基地或产教联盟429个，培训职工17.8万人，举办技能竞赛676场，参与职工35.5万人，开展职业技能等级认定覆盖职工18万人。

二是紧贴职工需求，提供多样服务。积极应对新冠疫情影响，推动各级工会联系引导社会组织做好疫情防控、心理关爱、志愿服务、爱心捐助、线上培训、复工复产“六篇文章”。指导各级工会围绕职工生产生活发展需要，着力解决职工“急难愁盼”问题，及时将职工多样化需求转化为工会工作项目，通过购买服务、项目合作等方式联系引导社会组织为职工提供专业化服务，五年来共购买社会组织服务职工项目1083个，服务职工500余万人次。各地工会积极探索社会组织工作与工会工作

的结合点，创新服务方式，造福职工群众，涌现出一批好经验好做法，“社企联姻、工益同行”等16个项目被推树为全国工会联系引导社会组织服务职工优秀项目。

三是探索数字赋能，完善供需对接。搭建全省工会权益保障数据信息和监测网络平台，设置工会联系引导社会组织工作专门模块，架构迅速便捷的信息通道。做好对职工需求和社会组织发展状况的调查摸底，完善基础数据库，依托江苏工会服务网，开发全省工会社会组织工作在线服务平台，设置社会组织服务、职工需求、工会项目、政策指引、工作动态等栏目，探索实现职工需求、社会组织资源、专业服务项目等网上有效衔接，引导社会组织精准服务职工群众，推动提高新时代工会服务职工工作质量和水平。

第六节 山东莱西工会经验：推动工会联系引导社会组织工作创新发展

近年来，山东省莱西市总工会在市委、各级工会的坚强领导下，深入学习贯彻习近平总书记在中央党的群团工作会议上重要讲话精神，提高政治站位，强化工作措施，充分发挥工会联系引导社会组织服务职工群众、服务经济社会发展的积极作用，探索建立“1+2+4”工作模式，常态化、精准化、长效化实现工会对劳动领域社会组织的联系引导，确保党中央关于群团组织联系引导相关社会组织工作的决策部署落到实处，工作经验得到全国总工会主要领导指示肯定。

一、设立“一个中心”，实现工会联系引导社会组织工作常态化开展

习近平总书记指出，联系和引导相关社会组织，是群团组

织发挥桥梁和纽带作用的一项重要任务。莱西市总工会牢记习近平总书记指示要求，将联系引导社会组织工作纳入工会改革重要任务，秉承“为职工群众谋利、为社会组织赋能、为党和政府分忧”的工作理念，抓住“工作有人抓、有人管”这一关键，依托市职工服务中心，建立工会联系引导社会组织服务中心，配备三名工会干部实行集中办公，具体负责推进社会组织建会入会、加强政治引领、开展“一站式服务”等联系引导社会组织工作。

二、搭建“两个平台”，实现工会联系引导社会组织工作精准化对接

一是搭建信息管理平台。与市民政局联合，建立健全社会组织信息库，将在民政部门注册的社会组织信息全部录入信息库，动态掌握社会组织数量、资金来源、服务内容、职工人数、建会入会情况等基本信息，根据行业范围和功能分类实施管理，有针对性地开展各项工作。截至目前，信息库中已收录慈善救助、文体培训等六个类别几百家社会组织详细信息，为工会组织开展精准服务打下坚实基础。

二是搭建供需对接平台。依托社会组织信息库，莱西市总工会开发了微信小程序，设置了“我要购买服务”、“我要提供服务”和“年度优秀社会组织名录”三大模块，全市各级工会组织和社会组织都可以在小程序上发布、查询供需信息，实现职工需求和社会组织服务精准对接。各部门、企业也都可以借助平台对接社会组织，实现供需合作。2022 年 3 月，莱西出现新冠疫情，工会通过平台发布志愿者招募需求后，莱西市志愿服务行业工会联合会第一时间响应号召，组织 10 支志愿者队伍、600 余名志愿者奔赴抗疫一线开展志愿服务活动，为疫情防控贡献了社会组织力量。

三、完善“四项机制”，实现工会联系引导社会组织工作长效化运行

一是强化建会入会机制。莱西市有社会组织 400 多家，吸纳就业 1.2 万余人，约占全市职工总数的 15%。由于工会组建率低，职工诉求无处解决，具有潜在不稳定因素。莱西市总工会坚持问题导向，把推动社会组织建会作为工会联系引导社会组织工作的重要抓手，深入宣传贯彻新修改的《工会法》，建立联席会议制度，每季度召开联席会议，邀请市直部门和社会组织业务主管单位工会等参加，共同推动建会工作开展，最大限度地把社会组织吸引到工会中来。按照社会组织信息库数据，遵循先大后小、先易后难的原则，组织工会干部深入社会组织聚集的楼宇、园区等，分类施策，累计指导 31 家社会组织分期分批组建工会，家政、电商等九家行业协会成立工会联合会，吸纳会员 7600 余人，建会率由最初不足 10%提高至 63%。

二是推行项目化运作机制。遵循“让专业的人办专业的事”的服务理念，及时把职工的需求转化为工会的工作项目，先后投入 300 余万元用于购买社会组织提供的项目化服务，引导其聚焦法律援助、心理关怀、文体娱乐等职工实际需求，发挥社会组织专业优势，为职工提供专业化、精准化的高质量服务。在服务职工过程中，社会组织的规范化水平也得到了提升，逐渐发展成为服务经济社会发展的强力“助推器”，有效激发了市场经济活力。市总工会通过向华琴职业培训学校、家政行业协会等社会组织购买服务，重点面向贫困家庭、下岗职工、退伍军人等群体，开展家政服务、面点制作等专业培训，参培人员合格后定向输送到莱西市各大医院、幼儿园、早教中心等单位，三年来累计开展培训 70 期，培训人员 1 万余人次，解决再就业 5000 余人，维护了当地职工队伍稳定，社会和谐发展。

三是建立服务保障机制。将社会组织作为延长工会服务半径的“新增长点”，注重在资金、场地、维权等方面对社会组织予以支持，发挥职工服务阵地的公益属性，帮助协调解决社会组织办公场地紧张、用工紧张、职工维权等各类实际问题，在文化宫免费为摄影家协会、志愿者服务行业工会联合会提供办公场地，帮助社会组织走出“小而散”的困境，积极探索“共享化”发展模式。采取购买服务方式，将职工维权、心理服务、职业能力提升等五类服务职工事项交由社会组织实施，引导管理规范的社会组织为职工群众提供专业服务。莱西市青年律师协会，三年来累计为职工提供法律咨询4000余人次，为职工追讨工资、工伤待遇等2119万元。针对疫情冲击下餐饮行业发展疲软、客流量不足等难题，莱西市总工会联合厨艺协会举办“莱西首届水库鱼宴厨王争霸赛”，16家餐饮店、32位名厨同台竞技，齐鲁工惠App、抖音、快手等多个平台线上同步直播，吸引近百万人在线观看，推动莱西餐饮业高质量发展，也擦亮了厨艺协会的金字招牌。

四是建立激励支持机制。坚持精神激励和物质支持相结合，通过组织参观、培训、加大评先选优力度、树立先进典型等方式，激励引导更多社会组织有序参与社会治理、提供社会服务、承担社会责任。定期组织召开新的社会阶层人士畅谈会，提高优秀社会组织带头人的政治地位和社会地位，先后推荐10名优秀社会组织中的先进个人作为各级“两代表一委员”人选，并授予工会系统各项荣誉。将电商协会会长推选为青岛市创业带头人，将会长单位天天购打造成为青岛市工友创业园，引导其发挥培训孵化功能，先后孵化电商企业65家，培训电商从业人员近万名，2021年天天购的营业额达16.5亿元。

思考题：

1. 如何更好地发挥工会主导建立的劳动领域社会组织联合会的作用？

2. 工会如何通过建立社会组织孵化基地或服务阵地，促进社会组织健康有序发展？

3. 如何规范工会购买社会组织服务的方式和程序？

第五章　工会信访工作

第一节　工会信访工作概述

工会信访工作是党的群众工作的重要组成部分，与党和政府的信访工作一脉相承、相互促进、共同发展。

一、工会信访工作的历史发展与现状

“信访”一词在《汉语大词典》中解释为群众来信来访的简称，是指人民群众致函或走访有关部门，反映情况，并要求解决某些问题。“信访”一词被正式采用始于 1971 年。当时《红旗》杂志刊登的《必须重视人民来信来访》一文，首次把人民来信来访称为“信访”，把处理人民来信来访工作称为“信访工作”。自此，“信访”一词被社会确认。当代信访制度研究大致可以分为三个阶段。

（一）实践积累阶段

从 1949 年新中国成立到 1982 年第三次全国信访会议召开是信访制度的起步与实践阶段。这一阶段主要是建立信访制度，总结信访工作经验。1951 年 5 月 16 日，毛泽东同志在转发中央办公厅秘书室关于处理来信的报告上就批示：“必须重视人民的通信，要给人民来信以恰当的处理，满足群众的正当要求，要把这件事看成共产党和人民政府加强和人民联系的一种方法，不要采取掉以轻心置之不理的官僚主义态度。如果人民来信很

多，本人处理困难，应设立适当人数的专门机关或专门的人处理这些信件。”这成为处理人民来信接待群众来访工作的基本方针。后来，中央人民政府政务院先后制定实施《中国共产党各级党委机关处理人民来信、接待群众来访工作暂行办法》和《关于处理人民来信和接见人民工作的决定》等文件，明确提出认真处理人民来信、接待群众来访，是党和人民政府密切联系群众、全心全意为人民服务的重要标志之一，是及时了解和调解人民内部矛盾，反对工作中官僚主义、主观主义和宗派主义的一种有效武器，是一切党的组织和国家机关的一项政治任务。《办法》还明确了处理信访的基本原则、职责和要求及其他具体规定，体现了党中央对信访工作的高度重视。毛泽东同志在这方面作出了很好的榜样，新中国成立初期的许多重要政策，都是根据人民来信反映的意见和建议制定的。

1953 年 11 月，《中共中央办公厅关于北京各中央机关接见群众工作的问题向中央的报告》提出五条处理原则，即群众的正当要求应负责解决；凡不能解决的问题应耐心解释；中央专管部门已解决了的问题，如无原则性错误一般应维持原议；对无理取闹者，要分别处理；对来京上访人的招待、路费等问题，应有统一处理原则。1953 年 11 月 5 日，毛泽东同志在报告上批示同意。1957 年国务院正式颁发《关于加强处理人民来信和接待人民来访工作的指示》。

全国总工会于新中国成立初期就在办公厅设立了信访处，作为接待职工工作机构，配备了十几名干部，专门负责工会信访工作。全国总工会领导同志经常听取信访工作汇报，有的还亲自参加接待职工和处理职工来信。到“文化大革命”前，职工接待室平均每月要接待来访职工七八百人，处理职工来信一千多封。1963 年，全国总工会职工接待室受理职工来信 8938 件，来访 2803 人次。

全国总工会不断加强对工会系统信访工作的指导。1964 年 5 月 11 日至 14 日，全国总工会办公厅在全国总工会干校召开了各部门、各产业工会的信访工作座谈会。6 月 20 日至 7 月 2 日，又召开了五个省、两个直辖市、一个自治区、两个省属市工会办公室主任座谈会。在这两次会议上，参会人员对全国总工会和各级工会的信访工作进行了交流，通报了信访工作情况，讨论形成了《工会组织处理信访工作的暂行办法》。

“文化大革命”结束后，全国总工会恢复工作，职工来信来访不断增加。1978 年 5 月，全国总工会及时调配了一定数量的干部，恢复了信访处，由办公厅一名同志负责分管信访工作，使信访工作重新开展起来。党组专门听取了信访工作汇报并要求信访工作人员注意抓住当前形势中的重大问题和政策性问题；接待工作必须认真负责，耐心宣传、执行党的有关政策法规，热情帮助群众解决问题。党组还要求重大问题必须及时上报。1979 年，职工接待室工作人员陆续增加到 15 人。三人负责全面工作，一人负责档案收发，五人负责接待来访，六人负责处理来信，有些重要信件以《要信请示》的形式向办公厅报告。

信访部门恢复工作之初，每周向党组做一次书面简报。1978 年 7 月 25 日，以全国总工会名义向中央办公厅报送了关于信访工作简报。1978 年 9 月 13 日，制作第一期信访简报，对 8 月职工来信来访情况进行了分析，这是信访工作较早的月度报告。

1979 年 10 月，全国总工会党组开始建立领导同志接待上访群众的值班制度，到 1980 年 5 月，包括时任全国总工会主席、书记处第一书记、党组书记倪志福在内的共 16 名领导（包括少数司局长），接待上访群众 30 批次，共计 45 人。1980 年，对来信来访工作中反映突出的问题进行分析，形成报告。20 世纪 70 年代末至 80 年代初，工会信访部门抓住重点案件的督查办理，提出争取多办、减少转办的要求，及时反映情况，取得领导的重视和支持。例如，1981 年 12 月 8 日，时任全国总工会副主席王崇伦在信访工作简报第五期“职工对降低疾病待遇的一些反映”上批示，“看起来信访工作需讨论一次，问题不少。好多涉及各部门解决，同时从中了解有的政策变化中遇到的新问题。好多反映上来了”。

（二）逐步规范阶段

党的十一届三中全会后，各级领导同志更加重视信访工作和信访理论研究。全国总工会领导也高度重视信访工作。自 20 世纪 90 年代以来，由于信访总量不断攀升，各地纷纷调整和创新信访制度。这一时期是工会信访工作蓬勃发展的时期，工会信访工作逐步走上制度化、规范化的道路。

2005 年《信访条例》的颁布实施是这一阶段重要标志性事件，结束了许多关于信访制度的争论，使信访制度逐渐系统化、理论化。《条例》对信访工作原则作出重大修改和补充，确立了信访工作格局和领导负责制，明确了信访工作机构的设置、性质及职责，赋予了信访工作机构提出改进建议权、行政处分建议权、完善政策解决问题建议权三项全新职权，明确规定了各级人民政府应建立健全信访工作责任制，强化了对信访人合法权益的尊重和保护。

2004 年 7 月，为进一步畅通工会联系职工群众渠道，全国总工会书记处决定建立职工信访维权热线。9 月 10 日，全国总工会办公厅在京召开全国工会职工维权热线电话工作会议。到 10 月 15 日，“12351”职工维权热线电话在全国正式开通。全国各省、市（地）级总工会全部开设，总数达 558 个。

2005 年 3 月 29 日，时任中共中央政治局委员、全国总工会主席王兆国视察全国总工会职工维权热线办公室和全国总工会办公厅信访处，并作出指示，提出“工会信访既是职工群众反映问题和情况的窗口，也是为领导决策提供信息的窗口”。首次提出工会信访工作是两个窗口的观点。

2005年6月，全国总工会在广西桂林召开第一次全国工会信访工作会议。会议以毛泽东思想、邓小平理论和“三个代表”重要思想为指导，贯彻落实新修订的《条例》，总结交流各级工会信访工作经验，讨论修改《全国工会贯彻〈信访条例〉实施办法》。时任全国总工会党组书记、副主席、书记处第一书记张俊九给会议发去贺信。张俊九同志在贺信中指出，各级工会组织要通过畅通信访渠道、创新工作机制、强化工作责任、维护信访秩序，尽力帮助信访职工群众解决涉及他们切身利益的问题。以此进一步密切党同职工群众的血肉联系，巩固党的阶级基础，提高党的执政能力和水平。各级工会领导班子要按照《条例》的规定，进一步加强对信访工作的领导，积极推动信访工作各项任务的落实。时任全国总工会书记处书记陈荣书到会讲话。他总结了近年来的工会信访工作，明确了今后一个时期工会信访工作的总体要求、原则和主要职责，对建立健全工作制度、加强信访信息工作等提出了要求。

2005年8月，全国总工会下发了《全国工会实施〈信访条例〉办法》，这是工会信访工作历史上第一个规范性文件，明确了工会信访工作的职能定位、职责任务、业务范围、工作格局，规范了职工信访诉求的受理流程和办理要求。为进一步加强工会信访事项交办工作的制度化、规范化建设，全国总工会先后制定了《全国总工会机关接待职工来访办法》、《全国总工会机关办理职工信访信件办法》、《全国总工会机关办理职工维权热线电话办法》、《工会信访事项交办制度》等系列文件。

（三）创新发展阶段

党的十八大以来，工会信访工作取得了长足发展。全国总工会党组、书记处先后批准召开了全国工会信访工作会议，在北京、西安、黄石、宁波、太原、武汉、郑州等地召开全国工会信访工作经验交流会，专门研究部署工会信访工作，把中央关于信访工作的一系列决策部署在工会系统进一步落实，推动工会信访工作不断创新发展。

全国总工会先后下发了《中华全国总工会关于加强工会信访工作的意见》、《中华全国总工会办公厅关于推进通过法定途径分类处理职工信访投诉请求工作的通知》等文件，指导各级工会开展信访工作；建立信访工作分析研判制度，对涉及职工信访的突出问题、影响职工队伍稳定的苗头性问题、可能引发大规模集体上访的倾向性问题加强研究，提前制定应对措施，提高工作主动性；定期对信访信息进行统计分析研究，形成《季度分析报告》、《半年分析报告》和《全年分析报告》，及时上报中央信访工作联席会议办公室、国家信访局和全国总工会党组、书记处；健全信访事项交办督办工作机制，全国总工会平均每年向各省（区、市）总工会交办职工信访事项100件左右，省级总工会按照要求向全国总工会报告办理结果，确保“件件有着落，事事有回音”，推动矛盾在基层化解。

中共中央办公厅、国务院办公厅制定的《关于创新群众工作方法解决信访突出问题的意见》文件下发后，全国总工会认真按照文件要求，结合工会工作实际，制定下发文件，进一步厘清了工会信访工作职能边界，了解职工诉求、汇集意见和建议，分析稳定风险、评估政策得失，排查矛盾隐患、推动问题解决。同时，进一步明确了工会信访工作切实维护职工合法权益、及时反映职工合理诉求、着力促进职工队伍和社会和谐稳定的工作目标。提出了构建主要领导负总责、分管领导具体负责、职能部门各司其职、信访部门协调督办的工会信访工作新格局，建立畅通有序务实高效的工会信访工作新秩序，形成与构建和谐劳动关系目标任务相适应的工会信访工作新机制的总体要求。这些都为进一步做好新形势下工会信访工作提供了遵循。

《中华全国总工会办公厅关于推进通过法定途径分类处理职工信访投诉请求工作的通知》制定通过法定途径分类处理职工信访投诉清单，明确工会信访主要包括工会组织、劳动合同、劳动保护、工资待遇、企业民主管理、社会保障、生活困难及其他问题，具体包括15项问题，进一步厘清工会信访工作职责界限，依法处理各类信访投诉请求。

《全国总工会领导接待职工来访、阅批职工来信、包案处理职工信访事项办法》建立和完善领导阅批职工来信（来电）、定期接待职工来访（网上接访）、带案下访和包案处理信访问题等制度，将领导接访作为党员干部直接联系群众的一项重要制度，与下基层调查研究、深入联系点、扶贫帮困等结合起来，坚持定点接访的同时，可采取重点约访、专题接访、带案下访、领导包案等多种方式，确保全国总工会党组、书记处领导每人每年均接待职工群众和处理职工信访事项。

《中华全国总工会关于加强工会信访工作的意见》深入贯彻习近平新时代中国特色社会主义思想和党的十九大精神，贯彻落实习近平总书记关于加强和改进人民信访工作的重要思想，落实中央信访制度改革部署，在把握工会信访工作总体要求、注重从源头上预防和减少职工信访问题发生、持续推进工会信访工作规范化建设、不断提升工会信访工作法治化水平、着力推进工会信访信息化工作、大力加强工会信访基层基础建设、突出抓好工会信访工作责任落实等七个方面提出26条具体要求。

2020年以来，全国人大常委会副委员长、中华全国总工会主席王东明多次作出批示，强调做好职工信访工作是工会履行基本职责的必然要求，是构建和谐劳动关系、维护企业和社会大局稳定的必然要求，要求从全局高度予以重视，精心安排部署，切实抓好落实。

2022年，中共中央、国务院印发《信访工作条例》。《条例》以习近平新时代中国特色社会主义思想为指导，深入贯彻习近平总书记关于加强和改进人民信访工作的重要思想，总结党长期以来领导和开展信访工作经验特别是党的十八大以来信访工作制度改革成果，坚持和加强党对信访工作的全面领导，理顺信访工作体制机制，是新时代信访工作的基本遵循。为贯彻实施《条例》，密切工会同职工群众的联系，维护职工合法权益、竭诚服务职工群众，全国总工会下发《全国工会实施〈信访工作条例〉办法》，研究提出38条具体工作办法，指导推动全国各级工会坚持以职工为中心的工作导向，服务党和国家大局和工会工作全局，维护职工合法权益，化解信访突出问题，促进社会和谐稳定，为做好新时代工会信访工作提供基本遵循。

2022年5月7日，全国总工会党组理论学习中心组召开专题学习辅导报告会，深入学习领会习近平总书记关于加强和改进人民信访工作的重要思想，全面学习《条例》主要内容。会议强调，要深刻认识制定出台《条例》的重大现实意义和历史意义，加强组织领导，把握重点环节，抓好工作落实，进一步推动工会信访工作创新发展，在化解职工信访突出矛盾、维护职工合法权益、维护社会和谐稳定中发挥重要作用。时任全国总工会党组书记、副主席、书记处第一书记陈刚主持会议并讲话。

2022年6月7日，全国总工会以电视电话会议形式在京召开全国工会信访工作会议。时任全国总工会党组书记、副主席、书记处第一书记陈刚出席会议并讲话。全国总工会党组、书记处同志，中央纪委国家监委驻全国总工会机关纪检监察组有关负责同志，各全国产业工会、中央和国家机关工会联合会、全国总工会各部门和在京直属单位主要负责同志在主会场参加会议。各省（区、市）总工会，新疆生产建设兵团总工会，以及大连、青岛、宁波、厦门、深圳市总工会领导班子成员，各产业工会、部门、直属单位负责同志及信访工作部门全体同志在各分会场参加会议。会议总结交流工会信访工作情况，分析工会信访形势，部署做好当前和今后一个时期工会信访工作。会议强调，要深入学习贯彻习近平总书记关于加强和改进人民信访工作的重要指示精神，贯彻落实中共中央、国务院印发的《条例》和第九次全国信访工作会议精神，聚焦重点、狠抓落实，推进积案化解，全力服务大局，为党的二十大胜利召开营造安全稳定社会环境；抓好《条例》的学习宣传贯彻，完善配套制度，加强督促检查；高度重视、及早处理工会信访领域突出问题，建立“蹲点+信访”机制，健全信访事项处置工作机制；持续推进信访积案化解攻坚，分类施策、精准破解；深化源头防范和风险研判，扎实推进工会网上信访建设，及时高效解决职工信访问题。

2022年6月，经全国总工会党组研究决定，成立全国总工会信访工作领导小组，由全国总工会书记处书记、党组成员，组织部部长张茂华任组长，各驻会全国产业工会、全国总工会有关部门为成员单位，负责全国工会信访工作的统筹协调、整体推进、督促落实，定期研究工会信访工作、分析研判信访形势、协调解决信访突出问题、调度处理信访积案、部署重点工作任务，进一步理顺工会信访工作领导体制机制。对各成员单位印发《关于成立全总信访工作领导小组有关事项的通知》和《全总信访工作领导小组工作规则》，先后召开领导小组第一次全体会议、领导小组办公室第一次全体会议、重点职工信访事项调度会、党的二十大工会信访安保工作专项部署会、职工反映意见建议专题座谈会等。探索建立工资报酬类职工信访事项处置工作机制、劳动合同社会保险生活困难类职工信访事项处置工作机制、新就业形态群体信访事项处置工作机制、常态化疫情防控下工会信访工作机制等四项机制，印发领导小组各成员单位，在全会运转实施。

2022 年 12 月，全国总工会出台《中华全国总工会关于加强新时代工会网上信访工作的意见》、《中华全国总工会关于加强工会信访干部队伍建设和信访保障工作的意见》，努力将工会网上信访打造成畅通便捷、务实高效、规范有序的职工信访主渠道，真正实现“数据多跑路、群众少跑腿”，着力构建科学完备有效的工会信访组织体系，建立健全工会信访干部选拔任用、考核评价、激励约束机制，逐步建成一支对党忠诚可靠、恪守维权服务基本职责、善做职工群众工作的高素质专业化工会信访干部队伍，推动新时代工会信访工作高质量发展。

二、工会信访工作的概念与职责

（一）工会信访工作的概念

《全国工会实施〈信访工作条例〉办法》对信访作出定义。信访是指公民、法人或者其他组织可以采用信息网络、书信、电话、传真、走访等形式，向各级机关、单位反映情况，提出建议、意见或者投诉请求，有关机关、单位应当依规依法处理的活动。采用前款规定的形式，反映情况，提出建议、意见或者投诉请求的公民、法人或者其他组织，称信访人。

工会信访工作，是工会信访工作者依照法律法规接待、处理职工来信来访来电，维护职工合法权益，反映职工意见和建议的全部活动的总称。主要包括以下四个方面的工作：为信访职工提供政策和法律咨询，做好说服和解释工作；了解信访职工反映的问题及意愿，及时向政府及其部门和有关方面反映，协调和督促有关问题的解决；根据信访职工反映的政策性问题，认真分析研究，提出完善法规政策、改进工作的建议；对本级工会职能部门和下级工会信访部门的信访工作进行指导。

（二）工会信访工作的职责

工会信访工作部门和人员应当履行以下八个方面的职责：（1）受理、交办、转办、转送职工信访事项；（2）承办上级工会、本级党委和政府信访部门交办转送的信访事项；（3）督促检查重要信访事项的处理和落实；（4）研究、分析信访情况，开展调查研究，及时反映情况，提出改进工作的建议；（5）综合反映工会信访信息，分析研判工会信访形势，为党委和政府提供决策参考；（6）指导下级工会和本级工会职能部门、产业工会等有关单位的信访工作；（7）向信访职工宣传国家有关法律、法规和政策；（8）承担上级交办的其他事项。

各级工会信访部门在同级党委领导下，在同级信访工作联席会议和上级工会信访部门指导下开展工作。省级以上总工会应当设立信访工作部门，有条件的应成立工会信访工作领导小组；各地（市、州、盟）、县（市、区、旗）及乡镇（街道）工会应当按照有利工作、方便职工的原则，结合实际设立或确定信访工作部门和人员，履行工会信访工作职责。

三、工会信访工作的特点

与一般人民群众信访活动相比，职工信访活动具有五个特点。

（一）特定的主体

信访人主要是职工，包括一线职工、农民工、困难职工、退休职工等群体。信访接待处理人专指各级工会。如果职工向政府或人大、法院等部门信访，则纳入统一的人民群众信访范围。

（二）特定的内容

主要是国家法律规定的职工的政治民主权利、劳动权利和其他经济利益。在计划经济年代，政治民主权利行使和维护占很大比重，侧重点围绕党和国家的中心任务而变化；进入社会主义市场经济后，尤其在《劳动法》颁布实施后，有关劳动权利、经济权益的信访大幅上升，其侧重点则围绕劳动关系的变化、国家改革力度的变化而变化。综合来看，当前职工群众面临的最困难最操心最忧虑，通过信访渠道反映的问题主要涉及劳动就业、技能培训、收入分配、社会保障、安全卫生等方面。

（三）特定的方式

人民信访工作主要的开展形式是开门接访。对于工会组织而言，践行党的群众路线是工会取得职工信任的关键，是工会工作的生命线和根本工作路线。因此，除了设立工会信访部门之外，各级工会还会主动深入基层，详细调查了解不同阶段、不同类型职工的实际情况，听取职工的意见和批评。职工可以“上访”，工会干部也可以“下访”，职工信访活动是双向的、多渠道的。

（四）特定的处理手段

工会有国家赋予的代表和维护职工合法权益的职责，如代表职工进行工资集体协商；参与农民工拖欠工资专项检查、企业安全生产监督检查；有权责令（限期）改正延长职工工作时间、缩减休息休假时间、不按月足额发放工资等行为。但是，作为群众组织，与行政机关的行政手段、司法机关的法律手段不同，当职工合法权益受到伤害时，工会主要通过沟通、协商、协调、督促等手段来维护职工权益。具体表现就是呈报件、转办件、意见书等形式。同时，作为党和职工群众的桥梁和纽带，工会与职工群众有着天然的联系，对做职工群众的思想工作有着独特的优势。做好思想疏导工作是工会信访部门处理劳动争议等职工信访事项一个行之有效的手段。

（五）特定的表现形式

职工信访主要源于劳动关系，除个别职工的特殊问题外，涉及劳动权利义务的问题除了引起个别职工信访，多数情况下还会引起互动和共鸣。同时，由于职工与大机器生产相联系，有较强的组织性，更容易因一些具体问题引起集体访。这种集体访的行业特点比较突出，同行业、同地域易产生连锁反应。此外，新生代农民工，学历水平普遍较高，更擅长利用互联网通信技术，互联网成为他们倾诉心声和寻求帮助的主要渠道。一方面，通过互联网，新生代农民工的内在联系更强；另一方面，他们也更容易被鼓动，一旦发生劳动纠纷后，他们就会迅速“抱团”，迅速将个体纠纷扩散为群体纠纷，这些现象都必须引起重视。

四、工会信访工作的原则

工会信访工作主要遵循五项原则。

（一）坚持党的全面领导

根据习近平总书记关于加强和改进人民信访工作的重要思想，要坚持和加强党对信访工作的领导，健全完善党委统一领导、政府组织落实、信访工作联席会议协调、信访部门推动、各方齐抓共管的工作格局；信访工作联席会议机制是加强党对信访工作领导的重要抓手，各级党委要用好这一机制，强化责任担当，更加主动作为，做实做细群众工作；做好信访工作是领导干部的重要政治责任，要求各级党委加强对信访工作的领导。2022 年，中共中央、国务院印发《信访工作条例》，进一步将党对信访工作的全面领导写入法规，明确了党领导信访工作的体制机制，规定各级机关、单位应当拓宽社会力量参与信访工作的制度化渠道，要求充分发挥群团组织作用。《条例》是引领新时代工会信访工作科学发展的里程碑式的重要文件，也对新时代工会信访工作提出新的更高要求。

工会是党领导下的工人阶级群众组织，工会信访工作一头牵着党中央的“党心”，一头连着职工群众的“民心”。进一步做好工会信访工作，必须将坚持和加强党的领导作为最高政治原则，自觉用习近平总书记关于加强和改进人民信访工作的重要思想武装头脑、指导实践、推动工作，抓好《条例》学习贯彻，牢记工会信访工作首先是政治工作、工会信访部门首先是政治部门，不断提高政治判断力、政治领悟力、政治执行力，深刻领悟“两个确立”的决定性意义，增强“四个意识”、坚定“四个自信”、做到“两个维护”，把党的领导贯彻到工会信访工作各方面和全过程，确保工会信访工作始终沿着正确方向前进，以解决职工信访问题、维护职工合法权益的实际行动诠释对党忠诚、彰显政治本色，把职工群众紧密地团结在党的周围，不断夯实党的执政根基。

（二）坚持以人民为中心

根据习近平总书记关于加强和改进人民信访工作的重要思想，信访工作是送上门来的群众工作，既可以消气，也可以通气，关键是要通过信访渠道摸清群众愿望和诉求，找到工作差距和不足，举一反三，加以改进，不断提高工作能力和水平，更好为群众服务；信访工作的首义在于时刻把自己看成人民中的一员，坚持人民至上，把解决信访问题的过程作为践行党的群众路线、做好群众工作的过程，对信访反映的涉及群众切身利益的突出问题，务必认真解决，把信访工作做到群众心坎上；按照诉求合理的解决问题到位、诉求无理的思想教育到位、生活困难的帮扶救助到位、行为违法的依法处理到位的要求，及时就地解决群众合法合理诉求，使群众由衷感到权益受到了公平对待、利益得到了有效维护。

工会自成立以来就把竭诚为职工群众服务、切实维护职工群众合法权益作为主责主业，工会信访工作是党联系职工群众的桥梁、倾听职工群众呼声的窗口、体察职工群众疾苦的重要渠道。进一步做好工会信访工作，要自觉践行以人民为中心的发展思想，真正把信访职工当作“自家人”、把信访事项当作“自家事”，怀着深厚的感情、满腔的热情，千方百计为职工群众排忧解难，按照“三到位一处理”的要求，综合运用法律、政策、经济、行政等手段和教育、调解、疏导等办法，建立健全畅通有序的诉求表达、矛盾调处、权益保障、心理干预机制，锲而不舍推进信访积案化解，解决好职工群众最关心最直接最现实的利益问题，不断增强职工群众的获得感、幸福感、安全感，更好地发挥党密切联系职工群众的桥梁纽带作用，为党和国家事业发展凝聚民心。

（三）坚持落实信访工作责任

根据习近平总书记关于加强和改进人民信访工作的重要思想，做好信访工作是各级领导干部的重要政治责任，落实党政同责、一岗双责，属地管理、分级负责，谁主管、谁负责，做到有权必有责、有责必担当、失责必追究；要系统谋划推进信访制度改革，构建完善新时代信访工作体制机制；要建设一支对党忠诚可靠、恪守为民之责、善做群众工作的高素质信访工作队伍。信访工作是一项全局性、系统性的工作。《条例》要求“构建党委统一领导、政府组织落实、信访工作联席会议协调、信访部门推动、各方齐抓共管的信访工作格局”，五个方面有机联系，为加强和改进信访工作提供制度保障。《条例》首次对信访工作联席会议机制进行了规定，并对地方各级信访工作联席会议提出规范要求。全国总工会及各级工会党组认真履行工会信访工作主体责任，全国总工会成立信访工作领导小组，充分发挥统筹协调、整体推进、督促落实作用，各级工会强化组织领导，定期研究部署，积极参与本级党委统一领导下的信访工作联席会议机制，做好工会职责范围内各项工作。

进一步做好工会信访工作，要建立健全各级工会信访工作领导责任体系，把“党政同责、一岗双责，属地管理、分级负责，谁主管、谁负责”的要求落实到具体工作之中；充分发挥各级信访工作联席会议机制作用，积极参与协调处理职工信访事项和职工队伍矛盾纠纷，切实担起为民解难、为党分忧的政治责任；进一步规范工会信访业务办理工作，厘清职责边界，畅通信访渠道，引导群众依法有序文明走访；推动网上信访问题及时就地化解，提升工会信访工作信息化智能化水平；锻造一支忠诚干净担当的高素质工会信访干部队伍，为做好新时代工会信访工作提供有力支撑。

（四）坚持依法按政策解决问题

根据习近平总书记关于加强和改进人民信访工作的重要思想，各级领导干部要提高运用法治思维和法治方式深化改革、推动发展、化解矛盾、维护稳定的能力；强化法律在化解矛盾中的权威地位，坚持依靠基层依法依规协调和处理群众诉求；引导群众依法表达诉求、维护社会秩序，在全社会营造办事依法、遇事找法、解决问题用法、化解矛盾靠法的良好环境；对涉法涉诉信访，要纳入法治轨道解决，改革行政复议体制，推进涉法涉诉信访制度改革，让当事人切实感到依法律按程序就能公正有效解决问题。法治作为社会治理的最优模式，在保障权益、化解矛盾、维护稳定方面具有明晰权责、稳定预期、不留隐患的优势，把信访工作纳入法治化轨道，既是全面依法治国的内在要求，也是提升信访工作公信力的现实需要。

进一步做好工会信访工作，要加强制度建设，对标对表

《条例》，在组织领导、源头预防、畅通渠道、问题解决、保障监督等方面，尽快修订业务规则，构建系统完备、高效运行的配套措施和运行机制；树牢法治思维，严格按照程序和时限要求处理职工信访事项，依法支持并督促落实职工合法合理诉求，依法维护工会信访秩序，努力实现政治效果、法律效果、社会效果的有机统一；增强工作协同，健全访调对接机制，加强工会信访部门与诉讼、仲裁、行政复议等法定纠纷解决途径的衔接配合，推进信访诉求依法分类处理，开展法治宣传教育，引导职工群众从“信访”到“信法”转变。

（五）坚持源头治理化解矛盾

根据习近平总书记关于加强和改进人民信访工作的重要思想，基层是群众信访的源头，又是解决信访反映问题的关键，要坚持和发展新时代“枫桥经验”，强化问题导向，加强风险研判，深入开展矛盾纠纷排查化解；加强源头治理，夯实基层基础，不断增强工作的前瞻性、系统性、针对性，注重从源头上预防和减少信访问题发生，努力将信访矛盾化解在基层、化解在萌芽状态；完善社会矛盾排查预警机制、重大决策社会稳定风险评估机制、矛盾纠纷多元化解机制，防止矛盾扩大化、对抗化。

“治未病”是信访工作成本最小、效果最好的理想境界。进一步做好工会信访工作，要胸怀“国之大者”，增强忧患意识，准确把握国际国内形势和社会矛盾变化，更加有针对性地补短板、强弱项、提能力，对可能影响社会稳定的风险隐患早发现、早介入、早处置，严防造成现实危害；树牢问题导向，及时发现带有普遍性、倾向性、趋势性的问题，加强综合分析和信息报送，为各级党政和工会党组科学决策提供参考；抓实源头预防，压实首接首办责任，结合领导干部包案下访、工会干部赴基层“蹲点+信访”、年度职工队伍稳定风险隐患专项排查化解等工作，依法及时就地解决信访职工突出问题，最大限度减轻职工群众“访累”；加大对基层工会信访工作投入，健全工作机构，改善办公条件，落实各项保障，为基层工会做好信访工作提供坚强保证，整合基层工会社会治理力量，依靠社区工会、企事业单位工会等，及时掌握化解矛盾纠纷，尽最大努力做到问题不累积、矛盾不升级、风险不扩散。

五、工会信访工作的意义

（一）做好工会信访工作是落实党中央和习近平总书记要求的应有之义

党的十八大以来，党中央强调“健全利益表达、利益协调、利益保护机制，引导群众依法行使权利、表达诉求、解决纠纷”；“落实重大决策社会稳定风险评估制度，完善社会矛盾排查预警和调处化解综合机制，加强和改进信访和调解工作，有效预防和化解矛盾纠纷”。中共中央办公厅、国务院办公厅出台了《信访工作责任制实施办法》，为做好工会信访工作进一步明确了根本要求、目标任务和工作重点。从价值取向上看，要求各级工会进一步增强政治责任感，始终把推动解决实际问题、维护职工合法权益作为信访工作的核心要义，带着深厚的感情倾听职工呼声，带着沉甸甸的责任解决职工反映的实际问题；从实现路径上看，要求各级工会充分发挥法治的引领、保障作用，自觉运用法治思维和法治方式解决矛盾问题，积极引导职工依法理性表达诉求，确保工会信访工作在法治的轨道上、法治的框架内、法定的渠道中进行。各级工会要把思想和行动切实统一到党中央的决策部署上来，以战略的眼光审视大局、洞悉大势，在融入大局和服务大局中更加主动作为，努力实现工会信访工作的新突破。

2016 年 4 月，习近平总书记就做好信访工作、妥善处理信访突出问题作出重要指示，要求各地各部门要加强风险研判，加强源头治理，努力将矛盾纠纷化解在基层、化解在萌芽状态，避免小问题拖成大问题，避免一般性问题演变成信访突出问题。

2017 年 7 月 18 日至 19 日，第八次全国信访工作会议在北京召开。习近平总书记向全国信访系统广大干部职工致以诚挚的问候，向受到表彰的先进集体和先进工作者表示热烈的祝贺，并对信访工作作出重要指示，要求把信访工作作为了解民情、集中民智、维护民利、凝聚民心的一项重要工作，千方百计为群众排忧解难，真正把解决信访问题的过程作为践行党的群众路线、做好群众工作的过程。

2022 年 5 月 25 日至 26 日，第九次全国信访工作会议在北京召开。会议坚持以习近平新时代中国特色社会主义思想为指导，全面贯彻党的十九大和十九届历次全会精神，深入学习贯彻习近平总书记关于加强和改进人民信访工作的重要指示精神，全面总结党的十九大以来信访工作情况，表彰全国信访系统先进集体和先进个人，研究部署当前和今后一个时期的信访工作。习近平总书记亲切会见了会议代表，向受表彰的先进集体和先进个人表示热烈祝贺，向全国信访系统广大干部职工表示诚挚问候。会议强调，以习近平同志为核心的党中央高度重视信访工作，要深入学习领会习近平总书记对信访工作作出的一系列重要指示，坚持党对信访工作的全面领导，坚持人民至上，坚持为民解难、为党分忧，坚持改革和完善信访制度，坚持把信访纳入法治轨道，坚持“三到位一处理”工作要求，坚持和发展新时代“枫桥经验”，坚持底线思维，坚持建设高素质信访干部队伍。会议要求，要坚持以习近平新时代中国特色社会主义思想为指导，全面贯彻落实党的十九大和十九届历次全会精神，深入学习贯彻习近平总书记关于加强和改进人民信访工作的重要指示精神，深刻领悟“两个确立”的决定性意义，增强

“四个意识”、坚定“四个自信”、做到“两个维护”，不断提高政治判断力、政治领悟力、政治执行力，坚持党对信访工作的全面领导，坚持人民至上，坚持稳字当头，牢记为民解难、为党分忧的政治责任，深入实施《信访工作条例》，建立健全治理重复信访长效机制，依法及时就地解决群众合理诉求，为服务党和国家工作大局、维护群众合法权益、促进社会安全稳定发挥更大作用。

党的二十大报告明确要求，在社会基层坚持和发展新时代“枫桥经验”，完善正确处理新形势下人民内部矛盾机制，加强和改进人民信访工作，畅通和规范群众诉求表达、利益协调、权益保障通道，完善网格化管理、精细化服务、信息化支撑的基层治理平台，健全城乡社区治理体系，及时把矛盾纠纷化解在基层、化解在萌芽状态。

工会信访工作是信访工作的重要组成部分。当前，在经济新常态下，信访工作面临着新情况、新问题，要充分认识工会信访工作的长期性、复杂性、艰巨性，认真做好工会信访工作。

（二）做好工会信访工作是全国总工会党组、书记处的一贯要求

历任全国总工会领导都高度重视工会信访工作。2005 年 3 月，时任中共中央政治局委员、全国人大常委会副委员长、中华全国总工会主席王兆国专门视察全国总工会“12351”职工维权热线办公室和信访处，指出“维权热线一头连着职工群众，另一头连着工会领导机关，既是职工群众反映问题和情况的窗口，也是为领导决策提供信息的窗口”，进一步为工会信访工作指明了方向。2010 年，全国总工会召开全国工会信访工作会议，时任全国总工会党组书记、副主席、书记处第一书记王玉普出席并发表讲话。2012 年 11 月，时任全国总工会副主席、书记

处书记、党组副书记张鸣起在信访办公室有关报告上批示："各部门、产业工会都应支持信访工作。"2013 年春节前夕，时任全国总工会副主席、书记处第一书记陈豪专程到全国总工会信访办听取工作汇报，亲切慰问信访干部，并对工会信访工作作出指示："做好工会信访工作，对于维护职工队伍稳定进而维护社会和谐稳定具有重要作用。要把信访岗位作为工会服务职工群众的重要窗口，自觉维护好职工合法利益，体现工会组织服务职工的根本宗旨。"

2015 年，时任全国总工会党组书记、副主席、书记处第一书记李玉赋专程到信访办公室看望慰问信访干部，对做好工会信访工作提出殷切希望，给全国总工会信访干部以鼓舞，也带动了省市两级工会领导纷纷到信访部门看望慰问。2016 年，李玉赋同志在信访部门有关报告上专门作出批示："我们要认真学习贯彻习近平总书记重要批示，进一步加强和做好工会信访工作。"2017 年 7 月 21 日，全国总工会党组召开第 103 次会议专题学习第八次全国信访工作会议精神，李玉赋同志指出，各级工会要认真学习贯彻习近平总书记重要批示精神，与贯彻落实第八次全国信访工作会议精神结合起来，充分认识信访工作对于维护政治安全和社会稳定的特殊重要意义，进一步提高政治站位，增强政治敏锐性，把信访工作作为了解民情、集中民智、维护民利、凝聚民心的重要工作抓紧、抓好，不断提高工会信访工作水平，为党的十九大胜利召开营造良好社会环境。2017 年 6 月 12 日，时任全国总工会副主席、书记处书记、党组副书记邓凯出席全国总工会在昆明举办的全国工会信访干部培训班，并做工会信访工作专题辅导报告；批阅职工来信，包案处理职工信访事项；要求建立健全《全国总工会领导接待职工来访、阅批职工来信、包案处理职工信访事项办法》、《工会信访情况通报制度》、《关于聘请律师参与全国总工会机关信访工作的办法》、《工会信访工作责任制实施细则》等制度，不断丰富工会信访工作制度体系。

全国人大常委会副委员长、中华全国总工会主席王东明对信访部门上报的全国工会信访工作全年报、半年报多次作出批示，提出明确要求。时任全国总工会党组书记、副主席、书记处第一书记陈刚先后主持召开全国总工会党组第 83 次、96 次、117 次会议听取信访工作专题汇报；2022 年 4 月 19 日，主持召开工会信访工作调度会，现场调度化解信访积案和重点信访案件，并从深化思想认识、加强机制建设、深入化解积案、强化统筹协作等四个方面提出明确要求；2022 年 5 月 7 日，主持党组理论学习中心组专题学习《信访工作条例》，要求各级工会要加强对工会信访工作的领导，扎实推进《条例》的学习宣传贯彻落实工作，竭诚服务信访职工，着力化解突出问题，不断提高工作能力和水平，把解决信访问题过程作为宣传《条例》的有效途径，积极引导职工群众依法理性有序表达诉求；2022 年 6 月 7 日，出席全国工会信访工作会议，从抓好《条例》的学习宣传贯彻、推动解决职工信访突出问题、推进信访积案化解攻坚、深化源头防范和风险研判、扎实推进工会网上信访建设、全力做好党的二十大信访稳定工作等六个方面安排部署重点工作。全国总工会书记处书记、党组成员，组织部部长张茂华牵头成立全国总工会信访工作领导小组，组织召开领导小组全体会议、办公室会议、重点信访事项调度会议，统筹指导推动做好全国工会系统信访工作。

全国总工会党组、书记处领导同志每年接待来访职工、批阅职工来信、包案处理信访事项，对工会信访工作提出明确要求。由此可见，做好工会信访工作是贯彻落实全国总工会领导决策部署的必然要求，也是切实履行工会组织维权服务职责的应有之义。

（三）做好工会信访工作是适应当前国际国内和社会经济发展形势所需

工会信访是劳动关系矛盾的综合反映，是经济社会发展的“晴雨表”，错综复杂的社会风险隐患必然会反映和折射到工会信访工作领域。当前，我国劳动关系总体上是和谐的，工会信访形势平稳向好，职工队伍总体稳定。但同时，我国发展面临的战略机遇和风险挑战并存，不稳定性不确定性上升，各类周期性因素和结构性因素、短期问题和长期问题多头交织，社会矛盾多发易发情况短期内难以从根本上改变，职工信访风险隐患仍在累积叠加，工会信访工作面临形势依然严峻复杂。

从国际国内发展形势看，百年变局和世纪疫情相互叠加，全球生产和物流遭到严重冲击，能源危机仍在蔓延，大宗商品价格高位震荡，各大经济体均面临较大通胀压力，经济全球化遭遇阻力，单边主义、保护主义、孤立主义上升，美国等西方国家继续将国内社会矛盾向外转嫁，采取多种手段对我国进行遏制打压、渗透破坏，信访问题的复杂性、敏感性进一步加剧。同时，我国经济发展面临多年未见的需求收缩、供给冲击、预期转弱等三重压力，经济下行压力继续显现，各类可以预见和难以预见的风险因素明显增多，信访问题处理难度加大。从当前社会矛盾风险看，我国发展不平衡不充分问题仍然比较突出，改革创新、城乡发展、民生保障、社会治理等方面还存在短板弱项，稳增长、稳就业、稳物价出现新的挑战，实体经济面临困难明显增多，一些行业、中小微企业、个体工商户生产经营困难，部分企业效益下滑、改制重组甚至关停破产，裁员、降薪、待岗甚至失业等问题突出，个别地区出现工资、社保、养老金支付困难，相关利益受损职工信访增加，一些特殊利益群体存在串联聚集动向，给社会稳定带来的风险隐患不可低估。加之当前社会的变革带来生活节奏加快、竞争加剧，社会矛盾触点增多、燃点降低，极易引发职工个人极端行为和群体性事件。伴随着信息化、大数据的进一步发展，人人有终端、物物可传感、时时在链接，一个小问题可以迅速传播升级为网络群体性事件，甚至演变成社会事件。职工信访问题的关联性、复杂性、多样性的特征更加凸显，解决和化解的难度越来越大。

工会信访工作必须坚持在党和国家工作大局和工会工作全局下行动，进一步适应新要求、新任务，切实增强面对各种风险、挑战和考验的主动担当意识，坚持稳字当头，树立底线思维，深入开展信访矛盾排查化解，及时处置涉稳涉政治安全风险，为营造安全稳定的政治社会环境发挥更大作用。

（四）做好工会信访工作是维护职工队伍和社会大局稳定的现实需要

从工会信访面临形势看，全国工会信访总量仍在高位运行。职工信访反映工资报酬、劳动合同、社会保险、退休待遇、生活困难等问题尤为集中，重复信访仍占一定比重，一些信访积案难以终结、终而不结。工会工作类信访咨询反映日益多样，新就业形态劳动者维权难亟待破解，大学生就业、“三期”女职工劳动保护、困难职工帮扶等问题将有更多反映，工会信访控增减存压力仍然较大。老问题与新动向互相交织、合理诉求与不合法方式互相叠加、经济问题与社会问题互相影响、网上问题与网下问题互相渗透，一些信访职工抱团成群、以多造势、聚集施压，少数信访职工择机滋事苗头仍然存在。

从工会信访工作职能看，我国全面深化改革进入攻坚期，产业工人队伍建设改革持续推进，职工群众的需求呈现多样化多层次多方面的特点，尤其在就业、收入分配、社会保障、集体协商、新就业形态劳动者权益保障等方面问题较为突出。随着工会组织和工会工作覆盖面不断扩大，职工群众通过信访渠道寻求工会组织维权服务的意愿更加强烈。但当前工会信访工作自身仍存在一些短板不足，如基层化解信访问题的能力还不够强，基础业务还不规范，有的仍然沿用旧办法面对新形势，用原有机制解决新问题，信访干部队伍能力水平有待进一步提高。多种因素决定了以利益诉求为主的职工信访活动在今后一个时期内仍将处于比较活跃的阶段，工会信访工作仍将处于负重爬坡、攻坚克难的时期。这要求我们必须以强烈的责任感、使命感，全面贯彻落实《信访工作条例》，从制度机制、业务规范、方法手段、工作能力等方面补短板、强弱项，有针对性地加强和改进工作，推动依法及时就地解决职工信访问题，切实维护职工队伍和社会大局和谐稳定，为党和国家事业凝聚民心。

第二节　工会信访事项办理

一、接待上访职工

信访职工采用走访形式提出信访事项，可以向当地工会信访工作部门或者上一级工会信访工作部门提出；信访事项已经受理或者正在办理的，信访职工在规定期限内向受理、办理该事项工会组织的上级工会信访工作部门再走访提出同一信访事项的，该上级工会信访工作部门可不予受理，但应当做好解释工作。

（一）接访程序

1. 信访职工到各级工会上访提出信访事项后，工会信访工作人员应该按照以下程序接待来访职工。

（1）登记。职工来工会上访，需填写《职工来访登记表》，登记姓名、工作单位、家庭住址和反映的主要问题、请求和理由。

（2）接谈。信访工作人员根据登记表，接谈来访职工（职工集体来访，由来访职工选出不超过五人的代表)，进一步了解职工反映的问题及诉求，按照“依法、及时、就地解决问题与疏导教育相结合”的原则，区别不同情况予以答复。对于已经或者应当通过诉讼、仲裁、行政复议等法定途径解决的信访事项，告知来访职工依照有关法律、行政法规规定程序向有关机关提出；对职工反映的诉求当前没有政策依据的，耐心做好解释工作；对缠访、闹访的职工，做好思想疏导工作，化解矛盾。其他上访事项，依据有关规定转办并告知来访职工。

（3）办理。按照《信访工作条例》规定的“属地管理、分级负责，谁主管、谁负责”的原则，属于工会职责范围的信访事项，分别转交工会有关职能部门、产业工会等有关单位或下级工会办理；属于政府有关部门和有关单位办理的信访事项，转交政府有关部门或有关单位办理。重要信访事项，要求报送办理结果，并跟踪督办。

（4）办结。接访人员对来访职工反映的信访事项现场已给予答复的，有权处理的部门直接答复来访职工的，重要信访事项转办、交办已有办理结果的，经信访部门负责同志确认予以办结。

2. 工会信访干部接待职工来访，办理职工信访事项，应该按照以下程序办理。

（1）登记。详细记录信访职工的姓名、工作单位、住址和请求、事实、理由。

（2）告知。能够当场告知的，应当当场书面告知；不能当场告知的，应当自收到信访事项之日起 15 日内书面告知信访人，但信访人的姓名（名称）、住址不清的除外。

（3）转（交）办。对属于工会职责范围的职工来访事项，经初步核实后，如果诉求事实清楚，并符合法律、法规、规章或者其他有关规定的，由接访人员提出工作建议并报信访部门负责同志批准后，将职工来访事项向工会有关职能部门、产业工会等有关单位或下级工会转办。根据《工会信访事项交办制度》，对属于交办范围的职工来访事项，经信访部门主要负责同志批准后，向工会有关职能部门、产业工会等有关单位或下级工会交办。承办单位应自收到交办函之日起60日内办结并反馈结果，情况复杂的，经本级工会信访工作分管领导批准，可申请适当延长办理期限，但延长期限不得超过30日。

（4）转送。涉及本级工会有关部门或有关单位处理的信访事项，应将职工信访事项附函转送有权处理信访事项的部门或有关单位。

收到上级工会、同级党委和政府信访部门交办转送的信访事项，属于本级工会职权范围的，自收到之日起15日内书面告知信访职工接收情况以及处理途径和程序；不属于本级工会职权范围的，自收到之日起五个工作日内提出异议，并详细说明理由，经交办转送的上级工会、同级党委和政府信访部门核实同意后，交还相关材料。

（5）通报。县级以上工会信访工作部门要定期向下一级工会信访工作部门通报信访事项交办、转送情况，下级工会信访工作部门要定期向上一级工会信访工作部门报告交办、转办信访事项的办理情况。

（二）答复信访事项

工会办理职工提出的信访事项，应当依照有关法律、法规、规章及其他有关规定，分别作出以下处理，并书面答复信访职工。

1. 请求事实清楚，符合法律、法规、规章或者其他有关规定的，予以支持。

2. 请求事由合理但缺乏法律依据、不具备解决条件的，应当对信访职工做好解释工作。

3. 请求缺乏事实根据或者不符合法律、法规、规章或者其他有关规定的，不予支持。

有权处理的单位、部门依照第一项规定作出支持信访请求意见的，应当督促有关单位或部门执行。

(三) 工作要求

各级工会职能部门、产业工会等有关单位收到职工直接提出的信访事项，应当予以记录。对属于本单位工作职责范围的信访事项，应当及时受理，不得推诿、敷衍、拖延；对不属于本单位工作职责范围的信访事项，应当告知信访职工向工会信访工作部门提出。

工会信访工作部门收到信访事项，应当区分情况，在15日内分别按照下列方式处理。

1. 对依照职责属于本级工会或者其职能部门、产业工会处理决定的，应当转送有权处理的单位；情况重大、紧急的，应当及时提出建议，报请本级总工会党组决定。

2. 属于下级工会职责范围的，按照“属地管理、分级负责，谁主管、谁负责”的原则，转办交办有权处理的工会。

3. 对转送信访事项中的重要情况需要反馈办理结果的，可以交由有权处理的工会办理，要求其在指定办理期限内反馈结果，提交办结报告。

(四) 受理范围

工会信访工作部门受理信访事项范围主要包括：(1) 职工对涉及劳动权益的法律、法规和政策等方面的咨询；(2) 职工对需帮扶及解决生活困难的求助；(3) 职工对用人单位侵害自身合法权益行为的控告、申诉；(4) 职工对工会及其工作人员的意见、建议；(5) 职工对紧急突发事件、安全生产事故及其他影响社会稳定情况的报告；(6) 其他涉及职工合法权益问题的反映。

（五）其他要求

各级工会应当向社会公布网络信访渠道、通信地址、咨询投诉电话、信访接待的时间和地点、查询信访事项处理进展以及结果的方式等相关事项，在其信访接待场所或者网站公布与信访工作有关的法律、法规、规章，信访事项的处理程序，以及其他为信访职工提供便利的相关事项。

各级工会领导干部应当阅办职工群众来信和网上信访、定期接待职工群众来访、定期下访，包案化解职工群众反映强烈的突出问题。

各级工会对可能造成社会影响的重大、紧急信访事项和信访信息，应当及时报告本级工会党组，通报本级信访工作联席会议办公室，在职责范围内依法及时采取措施，防止不良影响的产生、扩大。

二、办理职工来信

信访职工提出信访事项，一般应当采用书信、电子邮件、传真等书面形式；信访职工提出投诉请求的，还应当载明信访职工的姓名、单位、住址和请求、事实、理由。信访职工提出信访事项，应当客观真实，对其所提供材料内容的真实性负责。

（一）办信程序

1. 登记。

办信人员按照职责权限拆阅职工来信，启封后应当保持来信材料完整，按照操作程序登记原信中职工的姓名、性别、身份证号、联系电话、工作单位及住址等基本情况，如实记录职工反映的主要问题和诉求，确保数据准确、事实清楚，并相应填写拟办意见。同一职工两次及以上重复来信视为重信，五人以上职工署名来信视为联名信。

2. 办理。

对属于工会受理范围的职工来信事项，根据实际情况，在启封后五个工作日内采取不同方式及时办理。办理职工来信的基本方式有：答复、转办、交办、不予（不再）受理和阅存。

（1）答复。对来信职工咨询涉及劳动权益的法律、法规和政策以及工会工作等方面问题，办信人员能直接给予答复的，经信访部门负责同志批准，可通过电话或回信方式给予明确答复；如不能即时给予明确答复的，应咨询了解相关政策规定后，对职工进行答复，或向工会有关职能部门、产业工会等有关单位或下级工会信访办通告情况，要求其对职工来信事项进行答复。

经初步核实为职工反映诉求较为强烈或涉及人数较多的重要信访事项，如资料不够齐全的，告知其进一步补充相关材料；如来信难以陈述清楚的，告知其可到信访接待场所走访反映诉求。

（2）转办。对属于工会职责范围的职工来信事项，经初步核实后，如果诉求事实清楚，并符合法律、法规、规章或者其他有关规定的，由办信人员提出工作建议并报信访部门负责同志批准后，将职工来信事项向工会有关职能部门、产业工会等有关单位或下级工会转办。

（3）交办。根据《工会信访事项交办制度》，对属于交办范围的职工来信事项，由办信人员提出工作建议并报信访部门主要负责同志批准后，向工会有关职能部门、产业工会等有关单位或下级工会交办。承办单位应自收到交办函之日起60日内办结并反馈结果，情况复杂的，经本级工会信访工作分管领导批准，可申请适当延长办理期限，但延长期限不得超过30日。

（4）不予（不再）受理。对不属于工会职责范围的来信事项，或已经通过诉讼、仲裁、行政复议等法定途径解决的来信事项，或已有信访终结意见但信访职工仍以同一事实和理由继续反映的来信事项，按有关规定不予（不再）受理，做好相关记录，留存有关信访材料。

（5）阅存。对上述办理范畴以外的职工来信，或正由来电、来访、网上信访等渠道办理的职工来信，或已有办理结果并向信访职工反馈后其仍以同一事实和理由继续反映的职工来信，以及关键信息缺失、内容不清、意图不明等情况的职工来信，均作阅存处理，做好相关记录，留存有关信访材料。

3. 报告。

对职工来信反映较为突出的、影响社会稳定的和可能引发聚集上访的问题以及重大突发事件，第一时间向信访部门负责同志报告。

4. 分析。

要加强对职工来信的分析研判，及时掌握苗头性、倾向性问题，梳理归纳经常性、规律性问题。

5. 督促。

对已转办、已交办或已答复的职工来信，做好跟踪了解工作。对职工反映情况属实，多次来信且迟迟没有办理结果的问题，要督促相关单位加大力度协调推动解决。

6. 办结。

对来信职工反映事项已作答复的，或经交办、转办及其他方式办理后已反馈结果的，经信访部门负责同志确认予以办结。

（二）受理范围

工会信访工作部门受理信访事项范围主要包括：（1）职工对涉及劳动权益的法律、法规和政策等方面的咨询；（2）职工对需帮扶及解决生活困难的求助；（3）职工对用人单位侵害自身合法权益行为的控告、申诉；（4）职工对工会及其工作人员的意见、建议；（5）职工对紧急突发事件、安全生产事故及其他影响社会稳定情况的报告；（6）其他涉及职工合法权益问题的反映。

（三）办信要求

办信人员要严格按照档案管理有关规定，做好来信档案的收集、整理、归档等工作，妥善保存来信人各种信访材料原件。办信人员要严格遵守信访各项工作纪律，不得擅自处理随信寄来的各类物品等；不得向无关人员扩散来信内容和来信统计数据；不准擅自将信件带出信访办公场所。

三、办理职工来电

（一）来电办理程序

1. 登记。

接听职工来电时，接听人员要认真登记职工姓名、性别、来电时间、身份证号、联系电话、单位及住址等职工个人信息，并如实记录职工反映的主要问题和诉求。对职工曾到有关部门（工会）反映及有关部门（工会）作出的处理意见做好记录。

2. 办理。

（1）解答。对职工咨询涉及劳动权益的法律、法规和政策等方面问题，接听人员应直接给予明确答复；如不能即时给予明确答复的，应咨询了解相关政策规定后，及时对职工回电，给予明确答复。来电职工要求解决的问题比较复杂，电话难以说清的和解答的，告知其可到信访接待场所走访，或以书信方式反映诉求。

（2）转办。对属于工会职责范围的职工来电事项，经初步核实后，如果诉求事实清楚，并符合法律、法规、规章或者其他有关规定，接听人员提出工作建议并经信访部门负责同志批准后，将职工来电事项向工会有关职能部门、产业工会等有关单位或下级工会转办。

（3）交办。根据《工会信访事项交办制度》，对属于交办范围的职工来电事项，接听人员提出工作建议并报信访部门主要负责同志批准后，向工会有关职能部门、产业工会等有关单位或下级工会交办。承办单位应自收到交办函之日起60日内办结并反馈结果，情况复杂的，经本级工会信访工作分管领导批准，可申请适当延长办理期限，但延长期限不得超过30日。

（4）核实。对职工来电反映的有关重要、紧急的信访事项，或有必要对职工来电事项进一步核实的，接听人可在接听职工来电后，及时向工会有关职能部门、产业工会等有关单位或下级工会通告情况，并要求其对职工来电事项进行调查核实。收到有关反馈核实结果的，接听人应做好记录和答复。

（5）留存。对不属于工会职责范围的来电事项，或按规定不予（不再）受理的来电事项，做好相关记录，并对职工做好解释和思想疏导工作。

3. 录入。

对职工来电进行登记，做到应录尽录。

4. 报告。

对职工来电反映的突出的、影响社会稳定的和可能引发聚集上访的问题以及重大突发事件，第一时间向信访部门负责同志报告。

5. 分析。

要加强对职工来电的分析研判，及时掌握苗头性、倾向性问题，梳理归纳经常性、规律性问题。

6. 督促。

对已转交办或电话核实的职工来电，做好跟踪了解工作。对职工反映情况属实，多次来电且迟迟没有结果的问题，要督促相关单位帮助解决。对重大事项或信访突出问题，加强督查督办。

7. 办结。

职工来电已作答复的，或经交办、转办及其他方式办理后已反馈结果的，经信访部门负责同志确认予以办结。

（二）受理范围

工会信访工作部门受理信访事项范围主要包括：（1）职工对涉及劳动权益的法律、法规和政策等方面的咨询；（2）职工对需帮扶及解决生活困难的求助；（3）职工对用人单位侵害自身合法权益行为的控告、申诉；（4）职工对工会及其工作人员的意见、建议；（5）职工对紧急突发事件、安全生产事故及其他影响社会稳定情况的报告；（6）其他涉及职工合法权益问题的反映。

（三）工作要求

职工通过信访来电提出的信访事项，严格落实“三到位一处理”要求，依照有关法律、法规及规定，认真、耐心、细致进行受理办理。

接电过程中，注重做好答复解释、思想疏导和法治宣传工作，引导职工群众依法理性反映诉求、维护权益。

对可能造成社会影响的重大、紧急信访事项和扬言类、极端性信访信息，应当及时报告本级工会党组，通报本级信访工作联席会议办公室，在职责范围内依法及时采取措施，防止不良影响的产生、扩大。

四、初信初访

（一）初信初访的概念

初信初访，是指公民、法人或者其他组织采用书信、网上投诉、电话、走访等形式，首次向各级人民政府、县级以上人民政府工作部门反映情况，提出意见、建议或者投诉请求，依法应当由有关行政机关作出处理的活动。采用上述形式，反映的情况，提出的意见、建议或者投诉请求，称初信初访事项。初信初访是整个信访工作的初始阶段。做好工会初信初访，提高办结率，对于有效减少和避免重信重访、越级访和集体访等具有十分重要的意义。

（二）初信初访办理原则

初信初访工作坚持“属地管理、分级负责，谁主管、谁负责”和“依法、及时、就地解决问题与疏导教育相结合”的原则，实行首办负责制。各级工会信访工作机构按照《信访工作条例》规定的程序、期限，负责受理、转送、交办信访人提出的初信初访事项，并进行协调、督办。

（三）初信初访的受理

各级工会信访工作机构按照《条例》规定的程序、期限，负责受理、办理法定职权范围内的初信初访事项，并书面答复信访人。包括以下两种情形。

1. 信访人首次向本机关提出的信访事项。

2. 本级或上级人民政府信访工作机构首次转送、交办的信访事项。

信访人向不同机关或同一机关不同部门提出信访事项的，先行收到的机关或部门先行受理，并录入信访信息系统。

对属于各级人民代表大会以及县级以上各级人民代表大会常务委员会、人民法院、人民检察院职权范围内的初信初访事项，以及已经或者依法应当通过诉讼、仲裁、行政复议等法定途径解决的初信初访事项，各级人民政府信访工作机构和其他行政机关不予受理，但要做好宣传解释工作，并告知信访人依照有关法律法规规定的程序向有关机关提出。

对采用走访形式跨越本级和上一级机关提出的初访事项，上级机关不予受理，按照《国家信访局关于进一步规范信访事项受理办理程序引导来访人依法逐级走访的办法》处理。各级人民政府信访工作机构和其他行政机关收到初信初访事项，应及时在信访信息系统中录入信访人姓名（名称）、住址、联系方式、投诉请求、意见和建议以及相应的事实、理由等主要内容，做到要素完整、客观、准确。

（四）初信初访的反馈

县级以上工会信访工作机构收到初信初访事项，应在15日内区分不同情况，按下列方式处理，对具备回复条件的，要以电话、书面等形式向信访人反馈。

1. 对投诉请求类初信初访事项，转送、交办给有权处理机关办理。

2. 对意见和建议类初信初访事项，其中有利于完善政策、改进工作、促进经济社会发展的，上报本级人民政府作为决策参考，或转送有权处理机关研究。

3. 对揭发控告类初信初访事项，按照纪检监察工作相关规定和干部管理权限，报送有关负责同志或转送纪检监察机关、组织人事部门处理。

4. 对情况重大、紧急的初信初访事项，应当及时提出建议报请本级工会相关负责同志决定。对网上投诉的初信初访事项，应缩短转送、交办期限，提高工作效率。

有权处理机关收到初信初访事项，应当在15日内决定是否受理，并向信访人出具是否受理告知书；对跨地区、跨部门、跨行业和人事分离、人户分离、人事户分离的初信初访事项，按照《条例》第二十四条和《国家信访局协调“三跨三分离”信访事项工作规范》明确的原则和程序划分责任、受理办理；

应按照规定的时限和程序办理初信初访事项，向信访人出具处理意见书，并告知请求复查（复核）的期限和机关；依照《条例》有关规定，做好复查（复核）工作，并出具复查（复核）意见书；出具的是否受理告知书、处理意见书、延期告知书、复查（复核）意见书应当要素齐全、格式正确、事实清楚、依据充分，并及时送达信访人或有关人员，严格履行签收等手续。相关文书及送达凭证均要及时录入信访信息系统；应当按期向交办机关反馈处理意见、督促处理意见的执行，并做好信访人的政策解释和教育疏导工作。

县级以上工会信访工作机构和有权处理机关应为信访人查询初信初访事项办理情况提供便利。对收到的初信初访事项应当但未按规定登记、转送、交办，或者应当履行督办职责而未履行的，由其上级机关责令改正。造成严重后果的，按前款所依照的法规文件追究责任。应定期考核下一级机关的初信初访办理工作，并在一定范围内通报有关考核情况。各省、自治区、直辖市总工会制定信访工作具体考核意见或办法，应加大初信初访办理工作的考核比重。

五、三跨三分离

（一）“三跨三分离”概念

“三跨三分离”是信访方面的信访问题。具体来说，三跨是指跨地区，一件信访事项涉及两个地区，如移民问题，就可能涉及户籍地和投靠地两个地区；跨部门，是指一个信访事项涉及两个或者多个部门；跨行业，是指一个信访事项涉及两个或者多个行业。三分离是指人事分离，人与事分属两地，如信访人在别地发生案件，却要在户口所在地解决；人户分离，户籍与居住地不一致，因城市规划、危房改造、房屋出租、人口流动等原因，人户分离问题日益突出；人事户分离，这种情况更为复杂，信访事项发生地、户口所在地、居住地均不在一起。

（二）“三跨三分离”责任划分的原则

按照《信访工作条例》及有关规定，信访事项的事发地或有权处理的部门（单位）是解决和化解的责任主体，承担主办责任；信访人的户籍地、常住地（不包括上访人滞留地）及其他相关部门（单位）负责信访人的困难帮扶、教育疏导等工作，承担协办责任。

（三）“三跨三分离”的协调

凡是提请国家信访局协调的“三跨三分离”信访事项，需先经省级层面沟通对接，并由省信访局（办）或部委办公厅（室）提出报告。相关业务司室组织协调的，需经司室主要负责同志同意；协调会议需要市一级党政领导参加的，需报分管局领导批准；需要赴实地了解情况进行协调的，按照《国家信访局关于加强和统筹信访事项督查督办工作的规定》，提交局长办公会议研究确定后，统一组织实施。

协调前，相关业务单位或部门要做好准备工作，主要是全面梳理情况、掌握相关政策、了解意见分歧、分析问题成因、研究协调方案等。协调时，要认真听取涉事各方的意见，在充分沟通协商的基础上，明确各方责任、形成协调意见。协调意见主要体现明确责任主体、解决问题思路方法和相关工作要求，并注意调动地方和部门解决问题的主动性、积极性。确需形成会议纪要的，要从程序和内容上严格审核把关。要充分发挥有关部委的职能作用，对职责界限清晰的信访事项，可交由相关部委组织协调；对情况疑难复杂、政策性较强的信访事项，要邀请有关职能部门参加协调，共同研究意见。

相关业务单位或部门要抓好协调意见的督促落实，及时了解掌握信访事项的办理进度，并跟进针对性指导。要加强协调信访事项的登记管理，定期汇总、分析、研判工作情况。司室之间要加强信息沟通，防止同一信访事项多头交办或协调。

六、简易办理、不予受理和不再受理

（一）简易办理

根据国家信访局《信访事项简易办理办法》的有关规定，信访事项简易办理是指各级机关、单位按照工作职责，针对诉求简单明了的信访事项，简化程序，缩短时限，更加方便快捷地受理、办理。信访事项简易办理应当遵循依法合规、简便务实、灵活高效的原则。初次信访事项适用简易办理须符合：（1）事实清楚、责任明确、争议不大、易于解决的；（2）提出咨询或意见建议、表达感谢，可以即时反馈的；（3）涉及群众日常生产生活、时效性强，应当即时处理的；（4）有关机关、单位已有明确承诺或结论的；（5）其他可以简易办理的。同时，不适用简易办理的信访事项为：（1）属于《信访工作条例》第三十一条前五项规定情形的；（2）上级机关、单位交办的；（3）可能对信访人诉求不予支持的；（4）涉及多个责任主体或集体联名投诉的重大、复杂、疑难等不宜简易办理的。

信访事项是否适用简易办理，由有权处理的机关、单位决定，县级以上党委和政府信访部门以及上级机关、单位可以提出简易办理建议。县级以上党委和政府信访部门以及上级机关、单位对提出简易办理建议的信访事项，可以通过信访信息系统直接转送有权处理的机关、单位，并抄送下一级信访部门；不具备直接转送条件的，各中间层级机关、单位应当依次在收到信访事项之日起一个工作日内通过信访信息系统完成转送。

对适用简易办理的信访事项，有权处理的机关、单位应当在收到之日起三个工作日内决定是否受理。可以当即决定的，应当当即告知信访人。除信访人要求出具纸质受理告知书的，可以当面口头或通过信息网络、电话、手机短信等快捷方式告知信访人。告知情况应当录入信访信息系统。

对适用简易办理的信访事项，有权处理的机关、单位应当在受理之日起 10 个工作日内作出处理意见。可以当即答复的，应当当即出具处理意见。除信访人要求出具纸质信访处理意见书的，可以通过信息网络、手机短信等快捷方式答复信访人。答复情况应当录入信访信息系统。

有权处理的机关、单位在办理信访事项过程中，发现不宜简易办理或简易办理未得到妥善解决的，应当经本机关负责人批准，按照《条例》规定的普通程序继续办理。属上级党委和政府信访部门或者机关、单位提出简易办理建议的，应当向提出建议的机关、单位反馈情况并说明理由。按照《条例》规定的普通程序继续办理的信访事项，办理时限从按照简易办理程序受理之日起计算。

县级以上党委和政府信访部门以及有关机关、单位应当对简易办理工作加强指导和监督。对可以简易办理的信访事项推诿拖延，或者以简易办理为名损害信访人权益的，要督促限期改正；造成严重后果的，按照《条例》的规定追究责任。

（二）不予受理的信访事项

信访事项已经受理或者正在办理，来访人在规定期限内向受理或办理机关的上级机关再提出同一信访事项的，上级机关不予受理。来访人对信访事项处理（复查）意见不服，未提出复查（复核）请求而到上级机关再次走访的，各级人民政府信访工作机构和其他行政机关不予受理，并引导来访人走复查（复核）程序。

（三）不再受理的信访事项

对信访事项处理（复查）意见不服，但无正当理由超过规定期限未请求复查（复核）的，不再受理。已经省（自治区、直辖市）人民政府复查复核机构审核认定办结，或已经复核终结备案并录入全国信访信息系统的信访事项，来访人仍然以同一事实和理由提出投诉请求的，各级人民政府信访工作机构和其他行政机关不再受理。

中央和国家机关来访接待部门对应到而未到省级人民政府信访工作机构和其他行政机关提出信访事项，或者省级相关部门正在处理且未超出法定处理期限的，不予受理；信访事项已经复核终结的，不再受理。

七、《职工信访投诉请求清单》

（一）制定《职工信访投诉请求清单》的目的

为进一步厘清工会信访工作职责界限，依法处理各类信访投诉请求，根据中央关于信访工作制度改革总体部署和国家信访局做好通过法定途径分类处理信访投诉请求工作的相关要求，全国总工会依法对通过工会信访渠道集中反映的问题进行了分类梳理，印发了《中华全国总工会办公厅关于推进通过法定途径分类处理职工信访投诉请求工作的通知》，形成了《通过法定途径分类处理职工信访投诉请求清单》。

（二）制定《职工信访投诉请求清单》的意义

通过法定途径分类处理信访投诉请求工作，是以法治思维和法治方式解决信访问题的重要举措，是深入贯彻《信访工作条例》的内在要求。做好这项工作，有利于贯彻落实好中央决策部署，切实维护好信访群众的合法权益，有利于转变一些群众存在的“信访不信法”的观念，引导信访群众依法理性反映诉求，有利于厘清信访与其他途径之间的边界，提高信访工作法治化、规范化、科学化水平。各级工会要全面贯彻中央决策部署，根据《职工信访投诉请求清单》要求，进一步畅通职工群众诉求表达渠道，引导来访职工群众依法逐级走访，推动信访事项及时就地解决。

（三）按照《职工信访投诉请求清单》开展信访工作

各级工会要根据《职工信访投诉请求清单》，结合地方实际，加强制度设计，从整体进行布局，抓住关键环节，确保取得实效。一是要形成部门间衔接贯通的工作机制，处理好各级工会信访部门之间、工会信访部门与业务部门、工会信访部门与党政有关部门之间的关系，及时沟通、统一标准、信息共享，共同做好甄别、引导、分流、办理工作，增强分类处理的权威性和有效性。二是要根据推动分类处理要求，健全完善工会信访相关工作制度，分类处理信访投诉请求与其他改革措施互为支撑，形成良性互促效应。三是要认真梳理本单位数量集中、问题突出的信访事项，在推进通过法定途径分类处理信访投诉请求工作中同步规范各类事项的办理程序，确保及时、就地解决问题。

（四）《职工信访投诉请求清单》的宣传引导

一是要及时向社会公开《职工信访投诉请求清单》，增加工作透明度、公众知晓度。二是要加强对信访职工群众的宣传引导，有条件的要在接待场所印制宣传手册，张贴工作流程图，对来访职工群众进行耐心细致的政策解释，让信访群众清楚其投诉途径、法律依据和程序流程。三是要通过举办培训班、开展专题讲座、编写辅导读本和操作手册等，加强对工会信访干部的教育培训，帮助其准确把握分类处理工作要求，增强主动性和自觉性，提高依法办事能力。

（五）《职工信访投诉请求清单》的内容

1. 工会组织类问题。

一是建立工会组织问题。（1）主要诉求：依法建立并加入工会组织，规范工会干部产生程序并落实相关待遇。（2）解决途径：职工所在地工会组织协调处理。（3）依据：《宪法》、《工会法》、《中国工会章程》、《企业工会工作条例》、《工会女职工委员会工作条例》、《中华全国总工会关于地方工会召开代表大会及组成工会委员会、经费审查委员会的若干规定》、《中华全国总工会关于新形势下加强基层工会建设的意见》。

二是工会组织自身建设问题。（1）主要诉求：基层工会组织、工会干部不作为及其他违纪违规问题。（2）解决途径：纪检举报，信访人提供证据，其所在地工会组织协助调查了解情况。（3）依据：《公务员法》、《工会法》、《党政领导干部选拔任用工作条例》、《中国共产党廉洁自律准则》、《中国共产党纪律处分条例》、《中国共产党纪律检查机关控告申诉工作条例》、《人事争议处理规定》、《中共中央组织部、人力资源社会保障部关于印发〈事业单位工作人员申诉规定〉的通知》。

三是工会经费及资产管理工作问题。（1）主要诉求：规范工会经费及资产管理等问题。（2）解决途径：纪检举报，信访人提供证据，其所在地工会组织协助调查了解情况。（3）依据：《工会法》、《中国工会章程》、《中国共产党纪律处分条例》、《中国共产党纪律检查机关控告申诉工作条例》、《反不正当竞争法》、《政府采购法》。

2. 劳动合同类问题。

（1）主要诉求：用人单位不与职工签订合同，因确认劳动关系发生的争议，因履行、变更、解除和终止劳动合同发生的争议，因除名、辞退、辞职、离职发生的争议，因工作时间、休息休假、社会保险、福利、培训、劳动保护及女职工特殊权益维护发生的争议，因劳动报酬、工伤医疗费、经济补偿或赔偿金发生的争议，劳务派遣用工及相关问题。（2）解决途径：与用人单位协商解决；不愿协商、协商不成或达成和解协议后不履行的，向劳动争议调解组织申请调解；不愿调解、调解不成或达成调解协议后不履行的，应当向劳动争议仲裁委员会申请仲裁；对仲裁裁决不服的，信访人向人民法院提起诉讼。（3）依据：《劳动法》、《劳动合同法》、《就业促进法》、《劳动争议调解仲裁法》、《人民调解法》、《职业病防治法》、《劳动人事争议仲裁办案规则》、《劳动保障监察条例》、《职工带薪年休假条例》、《工资集体协商试行办法》、《女职工劳动保护特别规定》、《劳务派遣暂行规定》、《劳动合同法实施条例》、《劳动和社会保障部〈关于确立劳动关系有关事项的通知〉》。

3. 劳动保护类问题。

一是职业病问题。（1）主要诉求：预防、诊断、鉴定与赔偿（解决）。（2）解决途径：当地安监部门牵头，用人单位负责做好源头预防和生产安全保障，保证职工工作环境安全；用人单位所在地、本人户籍所在地或经常居住地依法承担职业病诊断的医疗卫生机构负责进行职业病诊断；当事人对职业病诊断有异议的，应向作出诊断的医疗卫生机构所在地地方人民政府卫生行政部门申请鉴定；用人单位应当保障职业病病人享受国家规定的职业病待遇，职业病病人除依法享有工伤社会保险外，可依法向用人单位提出赔偿要求。（3）依据：《劳动法》、《劳动合同法》、《安全生产法》、《职业病防治法》、《工伤保险条例》、《职业病诊断与鉴定管理办法》、《劳动合同法实施条例》。

二是工伤问题。（1）主要诉求：认定、劳动能力鉴定、赔偿。（2）解决途径：职工所在地社会保险部门负责工伤认定及保险工作、所属地市级劳动能力鉴定委员会负责劳动能力鉴定。

（3）依据：《劳动法》、《劳动合同法》、《工伤保险条例》、《伤残抚恤管理办法》。

4. 工资待遇类问题。

一是职工、农民工工资待遇问题。（1）主要诉求：拖欠工资、工资标准制定不合规范、加班费核算不合理等。（2）解决途径：职工向所在地人社部门申请处理或申请法律援助，工会组织、劳动仲裁机构协调处理；工会组织依法参与工资集体协商并在政府部门制定相关政策法规过程中提出意见和建议；海员可按照船上投诉程序向海事管理机构投诉举报。（3）依据：《劳动法》、《劳动合同法》、《工会法》、《劳动合同法实施条例》、《工资支付暂行规定》、《集体合同规定》、《工资集体协商试行办法》、《国务院关于解决农民工问题的若干意见》、《保障农民工工资支付条例》、《中华全国总工会关于深入贯彻落实〈国务院关于进一步做好为农民工服务工作的意见〉的实施意见》、《建设领域农民工工资支付管理暂行办法》、《关于进一步加强农民工文化工作的意见》、《劳动和社会保障部〈关于确立劳动关系有关事项的通知〉》、《2006 年海事劳工公约》、《海员船上工作和生活条件管理办法》。

二是企业改制职工问题。（1）主要诉求：国有企业改制职工安置（转岗、再就业），依法依规办理退休及相关待遇落实等。（2）解决途径：向当地政府、人社部门反映申请处理解决。（3）依据：《社会保险法》、《中共中央关于国有企业改革和发展若干重大问题的决定》、《国家经济贸易委员会等部门印发〈关于国有大中型企业主辅分离辅业改制分流安置富余人员的实施办法〉的通知》、《国务院办公厅转发国务院国有资产监督管理委员会关于规范国有企业改制工作意见的通知》、《国有企业富余职工安置规定》、《劳动和社会保障等部门关于印发国有大中型企业主辅分离辅业改制分流安置富余人员的劳动关系处理办法的通知》、《国务院办公厅转发国资委关于进一步规范国有企业改制工作实施意见的通知》、《中共中央、国务院关于切实做好国有企业下岗职工基本生活保障和再就业工作的通知》、《劳动和社会保障部关于贯彻落实〈中共中央、国务院关于进一步做好下岗失业人员再就业工作的通知〉若干问题的意见》、《人力资源和社会保障部关于妥善解决关闭破产国有企业退休人员等医疗保障有关问题的通知》。

5. 企业民主管理类问题。

（1）主要诉求：执行职工代表大会制度及实行厂务公开情况，职工董事、职工监事制度执行情况，职工知情权、参与权、表达权、监督权等民主权利的行使和落实等。（2）解决途径：职工通过民主选举，组成职工代表大会，在企业内部行使民主管理权力。企业工会是职工代表大会的工作机构，负责职工代表大会的日常工作。企业行政是实行厂务公开的主体，企业实行厂务公开要在企业党委领导下进行。职工董事、职工监事经职工代表大会民主选举产生，对职工代表大会负责。（3）依据：《工会法》、《全民所有制工业企业法》、《劳动法》、《公司法》、《企业破产法》、《劳动合同法》、《企业民主管理规定》、《全民所有制工业企业职工代表大会条例》、《中共中央办公厅、国务院办公厅关于在国有企业、集体企业及其控股企业深入实行厂务公开制度的通知》、《中华全国总工会关于进一步加强非公有制企业职工民主管理工作的通知》、《国资委党委、国资委关于建立和完善中央企业职工代表大会制度的指导意见》、《中华全国总工会关于进一步推行职工董事、职工监事制度的意见》、《中华全国总工会办公厅关于规范召开企业职工代表大会的意见》。

6. 社会保障类问题。

一是社会保障问题。（1）主要诉求：企业不按规定缴纳保险金，保险关系转移接续等问题。(2) 解决途径：可以电话举报、信件举报、当面反映举报等形式向当地人社部门、劳动监察机构反映情况；可要求社会保险行政部门或社会保险费征收机构依法处理；职工与所在用人单位发生社会保险争议的，可依法申请调解、仲裁、提起诉讼。(3) 依据：《劳动法》、《劳动合同法》、《社会保险法》、《工伤保险条例》、《失业保险条例》、《城镇企业职工基本养老保险关系转移接续暂行办法》。

二是退休职工待遇问题。(1) 主要诉求：企业和事业单位退休人员待遇差别、退休金（养老金）的领取。(2) 解决途径：向职工所在地人社部门申请解决，工会组织协调。(3) 依据：《劳动法》、《社会保险法》、《国务院关于工人退休、退职的暂行办法》、《关于深化收入分配制度改革的若干意见》、《劳动和社会保障部关于贯彻落实〈中共中央、国务院关于进一步做好下岗失业人员再就业工作的通知〉若干问题的意见》。

7. 生活困难类问题及其他。

一是生活困难方面问题。(1) 主要诉求：住房困难，因病因灾致困，子女上学困难，零就业等。(2) 解决途径：向政府主管部门申请救济救助，政府未覆盖到且符合工会帮扶条件的，可向所属地工会组织申请帮扶救助，纳入专项帮扶体系。(3) 依据：《社会救助暂行办法》、《城市居民最低生活保障条例》、《中华全国总工会关于印发〈中央财政专项帮扶资金使用管理办法〉的通知》、《住房城乡建设部、民政部、财政部关于做好住房救助有关工作的通知》、《国务院关于全面建立临时救助制度的通知》、《国务院办公厅转发民政部等部门〈关于进一步完善医疗救助制度全面开展重特大疾病医疗救助工作意见〉的通知》、《教育部、财政部、中国人民银行、银保监会关于完善国家助学贷款政策的若干意见》。

二是女职工、未成年工特殊保护问题。(1) 主要诉求：特殊劳动保护措施不到位，男女职工同工同酬落实不到位，就业歧视，非法用工等。（2）解决途径：职工所在地工会组织监督相关法律法规的落实，人社部门、劳动监察机构协调处理。（3）依据：《劳动法》、《劳动合同法》、《工会法》、《妇女权益保障法》、《就业促进法》、《女职工劳动保护特别规定》、《劳动合同法实施条例》、《未成年工特殊保护规定》。

三是劳动模范管理问题。（1）主要诉求：劳动模范的推荐评选，劳动模范荣誉的认定，荣誉认定后的待遇，生活困难，对发挥劳动模范作用的建议等。（2）解决途径：全国总工会负责全国劳动模范及全国五一劳动奖状、奖章，工人先锋号的认定和管理；省部级及地市级劳动模范由其所在地管理；全国劳动模范生活困难符合条件的可申请全国劳动模范特殊困难帮扶金。（3）依据：《工会法》、《中共中央办公厅关于印发〈全国总工会机关主要职责、内设机构的人员编制方案〉的通知》，劳动模范工作的历史、现状、管理实践及各省（区、市）地方性法规。

四是申请法律援助相关问题。（1）主要诉求：职工为保障自身合法权益需要工会法律援助，且本人及其家庭经济状况符合当地工会提供法律援助的经济困难标准；未达到工会提供法律援助的经济困难标准，但有证据证明本人合法权益被严重侵害，需要工会提供法律援助。外来务工者因请求支付劳动报酬或者工伤赔偿申请法律援助不受上述经济条件限制。（2）解决途径：职工申请法律援助应当向劳动合同履行地或用人单位所在地的工会法律援助机构提出。职工申请代理劳动争议仲裁、诉讼等法律服务，应当以书面形式提出，并按规定提交相关材料。申请工会法律援助可至劳动合同履行地或用人单位所在地法律援助中心办理。（3）依据：《法律援助法》、《工会法律援助办法》。

第三节　工会信访事项交办和督办

一、工会信访事项交办

2011年12月13日，全国总工会办公厅下发了《工会信访事项交办制度》，目的是进一步加强工会信访事项交办工作的制度化、规范化建设。全国总工会办公厅信访办（以下简称交办单位）就属于工会工作职责范围的信访事项，交由有关省（区、市）总工会或全国产业工会、全国总工会职能部门和直属单位（以下简称承办单位）办理的，适用本制度。工会交办信访事项的办理及结果报送工作，根据“属地管理、分级负责，谁主管、谁负责”，“依法、及时、就地解决问题与疏导教育相结合”和“对上负责与对下负责相统一”的原则，由承办单位负责。承办工会交办信访事项的单位及其工作人员应当恪尽职守、秉公办理，查明事实、分清责任，宣传法规、教育疏导，及时妥善处理。

（一）工会信访事项交办范围

工会信访事项交办范围主要包括以下几方面的内容：(1) 领导批示的信访事项；(2) 带有普遍性、倾向性、苗头性，可能引发群体性事件的信访事项；(3) 职工群众合法权益受到严重侵害的信访事项；(4) 其他需要交办的信访事项。

工会信访交办事项一般采用交办函的方式交办。交办单位应及时就交办事项发出交办函，交由承办单位办理，并建立交办台账。交办函应写明交办文号、承办单位、办理要求、信访人反映的主要问题和要求，并附来信或来访材料，对有领导批示的，应将批示内容一并抄清。

（二）信访交办事项办理

收到交办函后，属于承办单位自办范围的，要按照办理要求认真办理；应由下级工会办理的，由承办单位按照《全国工会实施〈信访工作条例〉办法》规定，提出办理意见并限定期限，以发函的方式交由下级工会办理。下级工会要按照发函工会要求的办理时限回复办理结果。承办单位自收到交办函件之日起60日内办结，对疑难、复杂的案件经本单位领导审批，报交办单位，可适当延长办理期限，但延长期限不得超过30日。

（三）对交办的信访事项进行督办

信访事项交办后，交办单位按照“谁交办，谁督办”的原则对交办事项进行督办。督办可采取电话、发函等形式进行。对紧急和重要的信访交办事项，要随时检查办理进度，听取承办单位对交办信访事项办理情况的汇报，提出有关建议、意见。

（四）信访事项办结报告

交办信访事项办结后，承办单位要及时形成办结报告。交办事项中，承办单位自办的，由承办单位向交办单位报送办理情况报告；承办单位将信访事项转交下级工会的，先由下级工会写出原始报告，再经承办单位领导审核签字，加盖公章后报送交办单位。已报送办理情况的信访事项，如有后续处理情况，承办单位应随时续报。

办结报告的内容要齐全，主要由承办单位名称、文号、签发人、标题、正文、落款、经办人及联系电话和附件组成。其中：签发人应为承办单位的负责人；标题要反映报告事项的全貌，如关于×××（信访人）反映×××（事由）信访事项办理情况的报告；正文中应有交办文号及基本情况，信访人基本情况，反映的主要问题和诉求，调查处理情况（包含对信访事项的认定情况及其依据，承办单位的处理意见，回访信访人的情况及信访人的意见，处理意见的落实情况），落款为承办单位公章及领导签批日期；附件为有信访人签字的答复意见书，若有其他说明可一并作为附件。

（五）审核信访事项办结报告

交办单位应按照“事实清楚，定性准确，处理恰当，程序规范，手续完备”的要求对办结报告进行审核。（1）实质性审核：认定的事实是否清楚，定性是否准确，处理意见是否恰当，处理意见是否得到落实等；（2）程序性审核：办理程序是否规范、完整，报告格式是否正确，附件是否齐全。

出现下列情况之一的，交办单位将办结报告退回重新办理：（1）事实不清、定性不准、处理意见不恰当，以及处理意见未得到落实的；（2）缺少必要附件的。

交办单位应在审核通过办结报告起30日内向信访人出具信访事项答复意见书，意见书应由标题、信访人信访事项、答复意见、承办单位、联系电话及经办人、落款等组成。交办信访事项的相关材料，由交办单位按档案管理有关规定归档备查。交办工作责任追究按照《全国工会实施〈信访工作条例〉办法》的有关规定执行。

二、工会信访事项督办

（一）督办信访事项

工会信访工作部门发现同级工会有关职能部门、产业工会等有关单位或下一级工会处理信访事项有下列情形之一的，应当及时督办并向本级工会报告，提出改进建议：（1）无正当理由未按规定的办理期限办结信访事项的；（2）未按规定反馈信访事项办理结果的；（3）未按规定程序办理信访事项的；（4）办理信访事项推诿、敷衍、拖延的；（5）不执行信访处理意见的；（6）其他需要督办的情形。

收到改进建议的同级工会有关职能部门、产业工会等有关单位及下一级工会，应当在30日内书面反馈情况；未采纳改进建议的，应当书面说明理由。各级党政机关应当将工会信访工作纳入督查范围，对本地区、本部门、本系统信访工作开展和责任落实情况，每年至少组织开展一次专项督查，并在适当范围内通报督查情况。

（二）信访情况分析报告

县级以上工会信访工作部门应当就以下事项向本级工会和上级工会定期报送信访情况分析报告：（1）受理信访事项的数据统计、信访事项涉及的主要内容；（2）转送、督办情况以及各单位采纳改进建议的情况；（3）提出的政策性建议及其被采纳情况。

第四节　工会领导干部接访

一、工会领导干部接访的意义

工会领导干部接待职工群众来访是新时代做好群众工作的重要举措。各级工会领导干部要深刻认识做好这项工作的重要性和必要性，不断增强责任感和紧迫感，努力开创工会领导干部接待职工群众来访工作的新局面。深入推进工会领导干部接待职工群众来访，具有重要意义，可以概括为“三个有利于”。

（一）有利于进一步转变作风、密切工会与职工群众的血肉联系

密切联系群众是我们党的最大政治优势，脱离群众是我们党执政后最大的危险。在当前社会矛盾多发阶段，切实转变思想作风和工作作风，保持与人民群众的密切联系，解决好群众最关心最直接最现实的利益问题，夯实党执政的群众基础，比以往任何时候都更为重要、更为紧迫。工会是党联系职工群众的桥梁和纽带。深入推进工会领导干部接待职工群众来访，有利于各级工会领导干部更加积极主动、深入细致地做好职工群众工作，面对面地与职工交流，心贴心地做思想工作，实打实地维权服务，反映诉求、释疑解惑、疏导情绪、提振信心，促进劳动关系和谐与职工队伍稳定，切实把接待来访的过程变成团结职工群众、凝聚民心、提高工作水平、增进同职工群众感情的过程。

（二）有利于进一步化解矛盾、构建和谐稳定的劳动关系

当前我国正处于改革发展的关键时期，社会经济成分、组织形式、就业方式、利益关系和分配方式呈现出多样性的特点，职工队伍的结构和工会工作的对象、领域、内容发生了极其深刻的变化，企业改制、老工伤等历史遗留问题与农民工、劳务派遣工权益维护等劳动关系方面的新矛盾互相交织，影响职工队伍和社会和谐稳定的因素增多。同时，西方经济持续低迷，对我国经济的输入性影响逐步显现，将对就业形势、部分企业生产经营和困难职工基本生活带来影响。这些矛盾和问题通过工会信访渠道反映出来，对做好新时代工会信访工作提出了新的要求。深入推进工会领导干部接待职工群众来访，促使各级工会领导干部走上一线、直面矛盾，带头解决疑难复杂问题，疏导职工群众情绪，有利于引导职工群众相信基层党政、就地反映问题，及时化解矛盾、避免矛盾上行，最大限度地增加和

谐因素、减少不和谐因素。

（三）有利于提高决策的民主化、科学化水平

工会信访既是职工群众反映问题和情况的窗口，也是为领导决策提供信息的重要窗口。职工群众来访反映着职工群众的真实意愿，承载着职工群众的所思所盼和大量真知灼见。深入推进工会领导干部接待职工群众来访，促使各级工会领导干部工作重心下移、关口前移，直接听取职工群众意见、汲取职工群众智慧，及时了解相关政策的执行情况，有利于研究现状、分析问题，针对不同情况，确定工会工作的重点，及时向党委、政府有关部门和上级工会反映职工的愿望呼声，从政策层面预防化解职工群众信访突出问题，推动职工信访问题的源头和成批解决。

二、工会领导干部接访的分类

开展工会领导干部接待职工群众来访活动，是工会信访工作的重要载体之一。《中华全国总工会办公厅关于印发〈全国总工会领导接待职工来访、阅批职工来信、包案处理职工信访事项办法〉的通知》对全国总工会领导接待职工来访、阅批职工来信、包案处理职工信访事项作出了说明，各级工会可以参考借鉴。

（一）接待职工来访办法

工会领导接访作为党员干部直接联系群众的一项重要制度，要与下基层调查研究、深入联系点、扶贫帮困等结合起来，提高工作实效性。在坚持定点接访的同时，可采取重点约访、专题接访、带案下访等多种方式，确保全国总工会党组、书记处领导每人每年至少两天接待职工群众。

1. 定点接访。根据年初计划，由办公厅协调安排，每月

有一位全国总工会党组、书记处领导到信访接待室接待上访职工。

2. 重点约访。对劳动合同、工资待遇、社会保障等职工重复上访、协调难度大、责任落实不到位的信访问题以及重点疑难信访事项，由社会联络部汇总上报，并协调相关领导进行约访。重点约访可在全国总工会信访接待室进行。

3. 专题接访。对侵害职工工资待遇、民主管理、劳动保护等合法权益和影响劳动关系和谐稳定的普遍性、倾向性问题，领导可协调相关部门进行专题接访，共同研究解决措施，推动信访问题解决。

4. 带案下访。领导可以选择具有典型性、代表性的信访事项深入问题发生地进行现场接访。到问题集中、矛盾突出的地方，倾听职工呼声，分析职工诉求，有针对性地推动解决职工反映的突出问题，努力把问题解决在基层。

（二）阅批职工来信办法

职工写给全国总工会领导个人的来信，根据领导要求，由社会联络部按下述情况办理。

1. 给全国总工会主席的来信。按照《中华全国总工会办公厅关于推进通过法定途径分类处理职工信访投诉请求工作的通知》等文件相关要求，对来信进行登记造册。对反映重大情况或紧急情况的职工来信，立刻按照程序上报；对一般来信，坚持定期对办理情况进行汇总，按照季度上报。

2. 给党组、书记处领导个人的来信。领导亲自阅示，根据领导授权和批示要求，社会联络部抓好落实，办理结果形成文字材料上报全国总工会领导。

3. 给无具体署名的全国总工会领导来信。由社会联络部汇总登记，对反映工会信访突出问题的来信，按照全国总工会领导职责分工，分别呈报全国总工会领导阅示。

4. 给全国总工会原领导的来信。根据领导指示，社会联络部对信件进行登记造册，及时办理。

5. 给全国总工会兼职领导的来信。领导秘书可将反映合法诉求的来信交给社会联络部，由社会联络部及时办理。

6. 中央国家机关等单位转到全国总工会的职工来信。由社会联络部对来信进行登记，呈送全国总工会分管领导阅示，并做好办理工作。

（三）包案处理职工信访事项办法

1. 包案范围。一是职工反映强烈、案情复杂、久拖不决的问题。二是涉及面广、社会关注度高、工作难度大的疑难问题。三是涉及人数多、组织化倾向明显的群体性问题。四是涉及政策层面、需要完善相关规定的突出问题。

2. 信访事项选取。由社会联络部对职工来信、来访、来电中的重点信访事项进行梳理，筛选符合全国总工会领导包案的信访事项呈报全国总工会领导，供领导选择办理。

3. 组织实施。包案领导牵头制订包案实施方案，协调有关单位配合联动，督促基层抓紧落实。组织人员开展分析研判，探寻解决途径，加强沟通协调，指导和推动信访问题有效解决。信访事项责任单位要按照要求完成方案的组织实施，定期向包案领导反馈工作进展。

（四）组织协调

1. 组织协调步骤。

（1）制订计划。社会联络部年初提出年度全国总工会领导接访、约访、下访安排建议上报全国总工会领导，获得批准后，根据领导接访、约访、下访安排，提前请示相关领导。全国总工会领导若因工作冲突，需要调整接访、约访、下访时间的，提前告知社会联络部，由社会联络部及时联系约访、下访对象或单位，经沟通协调后重新约定时间。

（2）归档汇总。社会联络部做好书记处领导接访、下访阅信包案登记工作，记录内容包括接访职工的基本情况和信访诉求、后续办理、办结情况等，每年汇总一次。

（3）加强督办。针对全国总工会领导接访、下访及包案涉及的重点信访事项，社会联络部将根据《工会信访事项交办制度》的规定，向省级总工会及有关部门提出办结要求，必要时采取电话督办、发函督办、现场督办等方式，及时办结全国总工会领导接访事项并以书面形式报告全国总工会领导。

2. 组织协调方式。

各级工会领导干部要紧紧围绕全党全国和工会工作大局，立足群众组织特点，发挥群众组织优势，采取专题接访、定点接访、带案下访、领导包案、重点约访五种方式，带着感情和责任满腔热情地接访下访。

重点做好以下工作。

（1）注重矛盾源头化解。要对一个阶段、一个方面、一个领域的突出问题，进行专门集中接待。通过专题接访发现职工群众最关心最直接最现实的利益问题和具有普遍性、倾向性的问题，深入分析研究，从政策层面提出工会的主张和对策，推动职工信访问题的成批解决。通过地方联席会议办公室协调有权处理的责任部门研究解决的思路，明确处理的办法。今后哪个方面信访问题突出，就要通过领导干部接访等方式推动及时就地解决哪个方面的问题，避免矛盾上行和激化。

（2）注重加强教育疏导。各级工会领导干部要设身处地为来访职工群众着想，多同职工群众讲感情、讲道理，做好政策宣传、法治教育、解疑释惑、疏导情绪的工作，把领导干部接待职工群众来访工作与加强人文关怀、心理疏导结合起来，帮助职工理解和掌握党的政策，切实把接待来访的过程变成团结群众、凝聚民心、提高工作水平、增进群众感情的过程。

（3）注重倾听职工呼声。要选择具有典型性、代表性的职工群众信访事项深入问题发生地下访。工会领导干部下访要与“转作风、解难题、促发展、保稳定”专项行动结合起来，并逐步形成长效机制。要深入基层，深入职工，了解当前职工群众所思、所盼、所想，对党委政府和工会的期望和要求、意见和建议；了解有关决策是否符合实际、是否符合群众意愿；了解有关政策是否落实、是否需要进一步完善；了解施政行为是否依法规范、干部作风是否深入扎实，力争把矛盾和问题化解在基层、消除在萌芽状态。

（4）注重推动“事要解决”。要紧紧抓住“事要解决”这个关键，落实《工会信访事项交办制度》，综合运用劳动争议预防、预警、调处、援助一体化机制，务求使职工群众反映的合理诉求得到妥善解决，最大限度地减少矛盾上行。对接访中当场不能解决的疑难复杂信访事项和职工群众反映强烈的突出问题，确定包案领导，工会主要领导要亲自包案，落实“四包”（包掌握情况、包思想教育、包解决化解、包困难帮扶）责任，依法按政策、及时就地解决到位。包案情况要通过适当方式予以公开，接受职工群众监督，必要时对处理落实情况有重点地回访信访职工群众。对涉及责任主体不明确、协调难度大、反复上访的疑难复杂问题，以及上级工会和信访部门排查交办的重点疑难信访问题有针对性地进行预约接访。约访前，工会领导干部要了解案情，组织相关责任单位进行研究，初步形成处理意见。约访时，要针对重点、难点听取诉求、深入分析，形成答复意见，并明确责任主体，限期化解。

各级工会要高度重视工会领导干部接待职工群众来访工作，切实加强组织领导，深入扎实推进。主要领导要负总责、亲自抓、带头做，分管领导要具体抓，其他领导坚持“一岗双责”，全力推动这项工作深入有序地开展。

三、工会领导干部接访的方式

开展工会领导干部接待职工群众来访活动是工会信访工作的重要载体，主要分为定点接访、重点约访、专题接访、带案下访、领导包案五种方式。

（一）工会领导干部定点接访

工会领导干部定点接访就是在规定时间和固定的信访接待场所面对面接待来访职工群众。由本级工会信访部门会同办公室等相关部门统筹安排，有序推进。有条件的地方工会可将领导干部的姓名、职务、分管工作以及接访的时间、地点、形式等在信访接待场所进行公示。接访中，要认真研究案情，把职工群众诉求听清楚、把事情缘由问清楚、把政策法规讲清楚、把处理意见说清楚。各级工会信访部门要建立工会领导干部接待职工群众来访登记、交办、办结制度。要适应形势发展需要，在“视频接访”和“热线电话”、“领导电子信箱”等方面进一步创新和拓宽工会领导干部接访的形式。

（二）工会领导干部重点约访

工会领导干部重点约访就是对涉及责任主体不明确、协调难度大、反复上访特别是可能导致进京上访和非正常上访的疑难复杂问题，以及同级党委政府和上级工会信访部门排查交办的重点疑难信访案件有针对性地进行预约接访。约访前，工会领导干部要了解案情，协调相关责任单位进行沟通研究，形成初步处理意见。约访时，要针对重点、难点环节听取来访职工诉求，深入分析，形成答复意见。

（三）工会领导干部专题接访

工会领导干部专题接访就是对有可能侵害职工合法权益和

影响劳动关系和谐稳定的突出问题进行专门集中接待。通过专题接访，发现具有普遍性、倾向性的问题，并进行深入分析研究，从政策层面提出工会的意见和主张，对涉及职工切身利益的一些突出性问题，可以通过地方联席会议办公室协调相关部门联合接访。

（四）工会领导干部带案下访

工会领导干部带案下访就是选择具有典型性、代表性的职工信访事项深入问题发生地现场接待。下访时，通过实地调研、座谈走访等形式，核实了解情况，认真剖析问题症结，切实推动解决职工群众反映的问题。要主动深入问题集中、矛盾突出、有聚集上访苗头动向的地方驻点下访，进企业，访职工，倾听职工群众呼声，了解职工群众疾苦，分析职工群众诉求，掌握职工群众思想动态，有针对性地推动解决职工群众反映的突出问题，努力把问题解决在属地。

（五）工会领导包案制度

工会领导包案制度是指工会领导干部亲自做好信访事项调处工作，身体力行推动解决信访事项，这是加大信访事项调处工作力度，解决重大社会矛盾纠纷，维护社会稳定的有效措施。工会领导干部包案制度实行属地管理、分级负责的原则，做到包接待、包协调、包督办、包落实、包稳定，依法、及时、就地解决信访事项。

四、工会领导干部接访的工作要求

（一）工会领导干部接访时注重倾听职工诉求

各级工会领导干部要经常深入基层，深入职工，随时了解掌握职工群众思想状况，了解职工对党委政府和工会的期望、意见和建议；了解有关政策是否落实、是否需要进一步完善；

了解工会干部作风是否深入扎实，力争把矛盾和问题化解在基层、消除在萌芽状态，维护职工队伍和社会的和谐稳定。各级工会要通过“面对面、心贴心、实打实服务职工在基层”活动，建立健全工会领导干部联系基层、服务职工的长效机制，使工会领导干部接访下访工作常态化、制度化。

（二）工会领导干部做好上访职工的思想疏导工作

各级工会领导干部在接访下访过程中，要充分发挥工会组织的思想政治工作优势，在严格依法按政策解决实际问题的同时，注重宣传党的路线方针政策、党和政府保障改善民生的政策措施、工会维护职工合法权益的举措等，正确引导职工群众认清形势，树立通过诚实劳动创造美好生活的时代理念，大力弘扬工人阶级伟大品格，发挥工人阶级主力军作用，坚定永远跟党走的政治信念。要主动宣传《工会法》、《劳动法》、《劳动合同法》等一系列保障职工合法权益的法律法规，积极回应职工反映强烈的热点、难点问题，帮助职工理解和掌握政策。要特别重视对来访职工的人文关怀和心理疏导，把教育引导、鼓舞鞭策与尊重理解、关心帮助有机结合起来，正确引导职工对待利益关系调整，以理性合法方式表达利益诉求，自觉维护经济发展、社会稳定的大好局面。

（三）工会领导干部参与劳动关系矛盾源头化解

各级工会领导干部要认真分析国内外形势变化对劳动关系、职工权益和工会工作的影响，积极关注中小企业、改制企业、生产经营困难企业职工生产生活和权益维护等方面职工反映比较强烈的突出问题，深入分析和研究具有普遍性、倾向性的问题，及时准确地反映职工群众的意愿和呼声，从政策层面提出工会的主张，通过工会与地方政府联席会议制度、劳动关系三方协调机制、重大决策社会稳定风险评估机制等形式，努力推动党委、政府及相关部门解决影响劳动关系和谐与职工队伍稳定的问题。

五、深入推动工会领导干部接待职工群众来访工作

各级工会要高度重视工会领导干部接待职工群众来访工作，主要领导要负总责、亲自抓、带头做，分管领导要具体抓，其他领导要坚持“一岗双责”，切实加强组织领导，深入扎实推动这项工作深入有序开展。

（一）加强组织领导，落实目标责任

各级工会要把工会领导干部接待职工群众来访作为工会领导班子、工会领导干部的一项重要任务来对待，从当地的实际情况出发，具体研究制订接访方案，明确目标任务、工作重点、具体措施、组织保障、督促检查等要求。要定期召开专题会议研究工会领导干部接待职工群众来访工作情况，及时作出安排部署，研究解决存在的问题。要专题研究疑难信访问题，参与协调处理，及时向本级党委和上级工会报送工会领导干部接待职工群众来访的情况。

（二）健全工作制度，落实接访时间

各级工会要建立工会领导干部接待职工群众来访工作制度，明确接访时间、地点、形式。全国总工会一般每月安排一次书记处领导接访，省级工会一般每月至少安排一天领导干部接访，市级和县级工会一般每月至少安排两天领导干部接访，乡镇（街道）工会领导干部要随时接待职工群众来访。接待职工群众来访以在信访接待室定点接访为主，也可以重点约访、专题接访、带案下访。

（三）加强督导检查，务求取得实效

全国总工会将每半年对省级工会领导干部接待职工群众来

访情况进行一次检查，重点检查制度和责任落实、主要领导带头示范、取得成效等方面情况。各级工会要不断总结经验、发现问题，推动工会领导干部接待职工群众来访工作深入开展。

思考题：

1. 工会信访工作的概念及职责是什么？
2. 做好工会信访工作要坚持什么原则？
3. 工会信访事项交办范围和流程是什么？
4. 如何做好工会领导干部接访工作？

第六章　新时代工会信访工作面临的形势任务

第一节　新时代工会信访工作面临的新形势

一、党中央关于加强和改进人民信访工作的决策部署

（一）习近平总书记对信访工作作出重要指示批示

党的十八大以来，以习近平同志为核心的党中央始终把信访工作摆在重要位置。习近平总书记时刻把人民群众的安危冷暖放在心上，对信访工作作出了一系列重要指示批示，要求信访部门和信访干部牢记为民解难、为党分忧的政治责任，加强党对信访工作的领导，形成了习近平总书记关于加强和改进人民信访工作的重要思想，为我们做好新时代信访工作提供了根本遵循。

习近平总书记关于加强和改进人民信访工作的重要思想，是党的十八大以来信访工作最重要的理论成果和最根本的实践要求。这一重要思想坚持用马克思主义立场观点方法认识信访制度、推进信访工作、分析信访形势、解决信访问题，从本质属性、政治责任、根本保证、人民立场、首要任务、重要功能、方式方法、动力源泉、力量保障等方面，系统回答了信访工作是什么、信访形势怎么看、信访工作怎么干等一系列重大理论和实践问题，充分体现了马克思主义人民观和辩证唯物主义方

法论，是习近平新时代中国特色社会主义思想的重要组成部分，是指导新时代信访工作高质量发展的强大思想武器，使我们党对信访工作的规律性认识上升到了新高度，把新时代信访工作理论提升到了新境界。

（二）党的十八大以来关于加强和改进人民信访工作的重要部署

党的十八大报告第七章“在改善民生和创新管理中加强社会建设”第六节“加强和创新社会管理”强调，正确处理人民内部矛盾，建立健全党和政府主导的维护群众权益机制，完善信访制度，完善人民调解、行政调解、司法调解联动的工作体系，畅通和规范群众诉求表达、利益协调、权益保障渠道。

党的十九大报告第八章“提高保障和改善民生水平，加强和创新社会治理”第六节“打造共建共治共享的社会治理格局”强调，加强预防和化解社会矛盾机制建设，正确处理人民内部矛盾。

党的十八届六中全会通过的《关于新形势下党内政治生活的若干准则》强调，改进和创新联系群众方法，建立和完善民意调查等制度，利用传统媒体和互联网等各种渠道了解社情民意，倾听群众呼声，密切党群干群关系，把对上负责和对下负责一致起来，着力实现好、维护好、发展好最广大人民根本利益。

党的十九届六中全会通过的《中共中央关于党的百年奋斗重大成就和历史经验的决议》第四章“开创中国特色社会主义新时代”第八节“在社会建设上”强调，坚持和发展新时代“枫桥经验”，坚持系统治理、依法治理、综合治理、源头治理，完善信访制度，健全社会矛盾纠纷多元预防调处化解综合机制。

党的二十大报告第十一章“推进国家安全体系和能力现代

化，坚决维护国家安全和社会稳定”第四节“完善社会治理体系”强调，在社会基层坚持和发展新时代“枫桥经验”，完善正确处理新形势下人民内部矛盾机制，加强和改进人民信访工作，畅通和规范群众诉求表达、利益协调、权益保障通道，完善网格化管理、精细化服务、信息化支撑的基层治理平台，健全城乡社区治理体系，及时把矛盾纠纷化解在基层、化解在萌芽状态。

（三）党中央制定实施《信访工作条例》

2022 年 1 月 24 日中央政治局会议审议通过《信访工作条例》，2022 年 2 月 25 日，中共中央、国务院印发《条例》，并于 5 月 1 日起施行。《条例》以习近平新时代中国特色社会主义思想为指导，深入贯彻习近平总书记关于加强和改进人民信访工作的重要思想，总结党长期以来领导和开展信访工作经验特别是党的十八大以来信访工作制度改革成果，坚持和加强党对信访工作的全面领导，理顺信访工作体制机制，是新时代信访工作的基本遵循。抓好《条例》的学习宣传贯彻，是各地区各部门的重要政治责任，也是当前和今后一个时期信访工作的重要政治任务。

二、各级工会信访工作经验

党的十八大以来，各级工会在习近平新时代中国特色社会主义思想指导下，认真贯彻落实中央关于加强和改进人民信访工作的决策部署和全国总工会党组、书记处工作安排，充分发挥职能作用，工作理念得到提升、制度机制逐步健全、方式方法不断创新，工会信访工作取得了新进展、新成效、新突破。

（一）强化组织领导，工会信访工作呈现新格局

在各省级总工会领导班子的重视下，各地工会不断健全信

访工作制度，建立完善考评机制，配齐配强干部队伍，初步形成了主要领导负总责、分管领导具体负责、职能部门各司其职、信访部门协调督办的工会信访工作新格局。

1. 领导重视程度高。各省级总工会普遍召开会议学习全国总工会信访工作文件，把加强新形势下工会信访工作摆在重要议事日程，制定信访工作相关制度，推动工会信访工作上水平。部分省级总工会建立健全信访工作领导小组、协调小组，构建工会信访工作新格局。

2. 责任落实抓得紧。各级工会坚决落实为民解难、为党分忧政治责任，认真贯彻实施《信访工作条例》，探索建立了信访工作考核评价体系，省总考核市总，一级考核一级，层层传导压力，落实信访工作责任，努力把党中央精神落到实处。

3. 队伍建设效果好。落实全国总工会部署要求，各级工会原本没有专人负责信访工作的及时明确了工作人员，还研究选配岗位适应性较强的干部到信访岗位，同时加大信访工作人员教育培训力度，选派机关干部到信访岗位挂职锻炼，不断配齐配强信访工作力量，使信访工作有人干，让信访工作上水平。

（二）注重源头参与，工会信访工作维权效能有效提升

各级工会通过加大源头参与力度，参与劳动法规立法和执行监督，推动劳动者权益保护制度机制建设，从源头上预防和减少劳动争议发生，有效提升了工会维权效能。

1. 参与法律法规制定与监督检查更加有力。各级工会主动参与涉及职工利益地方法规的立法工作，充分反映职工合理诉求，加强对劳动法律执行情况的监督检查，在依法维护职工合法权益方面做了大量扎实细致的工作。

2. 劳动权益保护制度建设更加完善。各级工会加强集体协商、集体合同、民主管理制度建设，推动在企业内部建立劳动关系调解机制，有效防范和减少了劳动纠纷的发生，发挥了维

护职工合法权益的重要作用。

（三）畅通诉求通道，工会信访工作新秩序逐步形成

各级工会通过进一步畅通职工诉求表达通道，积极开展网上信访，坚持推进信访法治化建设，有效降低了职工群众信访维权的成本，逐步形成了畅通有序、务实高效的工会信访工作新秩序。

1. 工会领导干部接下访制度成效明显。在全国总工会党组、书记处同志示范带动下，各级工会领导干部认真贯彻中华全国总工会《关于深入推进工会领导干部接待职工群众来访的意见》，结合赴基层蹲点、下基层调研，深入联系点接访、下访、包案，推动职工信访问题解决，获得了广大职工的好评。省（区、市）级总工会主要领导以身作则，带头接访、下访，起到了很好的示范带动作用。

2. 网上信访工作受到好评。各级工会根据国家信访局要求，适应网络时代新形势，积极探索构建网下办理、网上流转的网上信访工作机制，方便了职工信访，节约了职工信访成本，得到了广大职工的好评。

3. 依法逐级走访效果显著。各级工会在贯彻国家信访局“依法逐级走访”要求的同时，按照处理涉法涉诉信访工作的总体要求，严格实行诉讼与信访分离，引导职工学法知法并理性表达诉求，职工越级访、进京访有所减少。

（四）敢于担当责任，工会信访在服务大局中彰显作为

各级工会敢于担当，在信访问题排查化解、信访信息分析研判、信访事项督办落实、信访难题联动解决、信访突发事件应急处置等方面做了大量工作，工会信访工作在维护职工队伍和谐稳定中发挥了重要作用。

1. 排查化解工作成为维护职工队伍稳定的“减压阀”。各

级工会把信访工作重心从事后处理转移到事前排查化解上来，实行定期或不定期排查，及时发现苗头性、倾向性问题并加以解决，有效避免了职工信访事件的发生。

2. 分析研判工作成为领导的参谋助手。各级工会不断加大信访信息和调研工作力度，加强对工会信访突出问题成因、特点及趋势的分析，为领导决策提供参考。

3. 协调联动机制成为解决信访疑难问题的重要保障。各级工会积极与人社、司法等部门协调联动，综合运用法援、帮扶、行政等手段，推动解决信访疑难问题。

4. 应急处理机制成为处理职工信访突发事件的有力抓手。各省级总工会均建立了突发事件应急处理机制，制订了处置突发事件应急预案。

三、推动工会信访工作适应新时代要求

做好工会信访工作，是按照习近平总书记关于工会干部做职工最可信赖的“娘家人”、工会组织成为“职工之家”的要求，以一线职工、农民工、困难职工等为重点群体，以劳动就业、工资收入分配、工伤社会保障、劳动安全卫生等广大职工最关心最直接最现实的利益问题，最困难最操心最忧虑的实际问题为重点领域，把信访职工的愿望反映及时，把信访职工的合法利益维护充分，把信访职工的情绪安稳理顺，通过职工队伍稳定来维护社会和谐稳定。

（一）以制度化规范化推动工作

全国总工会先后制定完善了《关于深入推进工会领导干部接待职工群众来访的意见》、《中华全国总工会关于加强工会信访工作的意见》、《中华全国总工会关于加强新时代工会网上信访工作的意见》、《中华全国总工会关于加强工会信访干部队伍建设和信访保障工作的意见》、《工会信访事项交办制度》、《机

关于部到信访岗位培养锻炼制度》、《中华全国总工会办公厅关于推进通过法定途径分类处理职工信访投诉请求工作的通知》等指导全国工会信访工作的制度和《全国总工会机关办理职工来访、来信、来电、网上信访工作办法》、《上访须知》等文件和内部工作规章，有力提升了工会信访工作的制度化、规范化水平。

1. 通过扎实推进工会领导干部接访，协调解决疑难复杂信访问题。全国总工会印发了《关于深入推进工会领导干部接待职工群众来访的意见》、《全国总工会领导接待职工来访、阅批职工来信、包案处理职工信访事项办法》，明确了工会领导干部的接访形式和接访重点，推动工会领导干部接待职工群众来访工作全面展开。全国总工会书记处领导带头到信访接待室接待来访职工，坚持阅批职工来信，包案处理信访事项。在全国总工会领导的示范引领下，各级工会领导干部尽职尽责，主动回应职工关切，推动解决了一大批职工的合理诉求，进一步密切了党与职工群众的血肉联系，促进了职工队伍稳定，保障了社会和谐稳定大局。

2. 通过健全完善工会信访事项交办制度，压实工会相关部门、产业工会的责任。全国总工会创新信访事项交办督办工作方式，变单一的职工信访事项发函交办为发函交办与联合督办、实地督办相结合，加大了交办督办工作力度。在全国总工会的指导下，各省级总工会普遍建立了工会信访事项交办制度，加大对领导批示的信访事项及职工群众合法权益受到严重侵害的信访事项的交办力度，压实下一级工会信访部门和有权处理信访事项的责任单位的属地责任，依法、及时解决职工群众合法诉求，确保做到“件件有落实、事事有回音”，有力推动了“事要解决”。

3. 通过协调联动，建立劳动争议调解联动制度。全国总工会注重加强与人社、司法等部门的协调联动。针对重点疑难或涉及多个职能部门、处理不当极易引发大规模集体访或职工群体性事件的信访问题，尤其是对“四重”（重点领域、重点地区、重点群体、重点人员）信访问题的跟踪，通过上下联动和区域联动，强化与下级工会和地方公安部门的协作，建立联动制度，形成工作合力，做好职工来信、来访、来电等日常受理办理工作，建立“党政指导、工会牵头、各方联动、侧重调解、共创和谐”的工会信访联动机制，推动解决信访问题。

4. 通过制定完善工作制度，推动信访工作上水平。全国总工会通过下发《中华全国总工会关于加强工会信访工作的意见》、《中华全国总工会办公厅关于推进通过法定途径分类处理职工信访投诉请求工作的通知》等文件，进一步厘清信访工作的职能定位，压实基层工会的责任，推动中央有关决策部署在工会系统的落实，推动工会信访工作不断取得新成效。

（二）以提高分析研判水平提升工作

群众的来信来电是一面“镜子”，通过它可以了解群众期盼，总结为政得失。职工来信来访来电的特点、总量和结构的变化，职工反映的主要问题等都包含大量的信息，运用信访大数据，加强综合分析和精准研判，注重从信访事项中发现带有普遍性、倾向性问题，积极提出改进工作、完善政策的前瞻性意见和建议是促进工会信访工作上水平的有力抓手，也是提高工会信访干部调查研究、分析研判能力的有效途径。

分析研判主要有两种：一是“就事论事”，即在来访者所陈述的情况及所提供的材料的基础上进行分析，在听取来访者陈述后，工会信访人员又针对其中的主要事实和关键情节进行调查核实，在此基础上分析职工的诉求是否合理；二是“解剖麻雀”，注重“抽丝剥茧”，从大量的职工信访事项中提炼并深入分析和研究具有普遍性、倾向性、影响劳动关系和谐与职工队伍稳定的问题，提出解决问题的对策和建议，从政策和制度层面推动问题的解决。

（三）带着责任和感情投入工作

做工会信访工作必须带着深厚感情，千方百计把群众工作做深、做细、做实。“感人心者，莫先乎情。”群众工作的对象是人，人都是有血有肉有感情的。只有尊重人、理解人、关心人，使自己成为群众的贴心人，才能情相通、意相连。接访者态度热情，一句温馨的话语、一杯暖人的开水，都可以迅速让上访人心平气和，从而达成顺利沟通，促进问题解决。具体工作中，工会信访工作人员要热情接待来访职工，努力做到门好进、人好见、脸好看、话好听、事好办，来有迎声、问有答声、走有送声；能去掉官腔、放下架子、平等相待，专心倾听、认真记录，同上访职工进行朋友般的交流。遇到上访职工情绪激动、哭啼吵闹，甚至威胁谩骂的情况，能宽宏大量、宽容理解，经得起骂、受得住气，耐心劝慰、细心劝导，尽快使上访者头脑冷静下来，避免酿成意想不到的后果；能自始至终使来访者感受到亲切、祥和、温馨的气氛，感受到受人尊重、被人理解的温暖，从而消除心理隔阂，拉近心理距离，融洽接谈气氛，迅速在心理上产生亲切感和信任感，有效促进信访问题的化解。

（四）以畅通通道和推进法治化创新工作

实行网上受理信访制度，大力推行阳光信访、法治信访是信访工作制度改革的一个重要突破。党的十八大以来，国家信访局国家投诉受理办公室全面开放网上投诉受理内容，“阳光信访”为群众信访权利的实现增添了一个渠道。中共中央办公厅、国务院办公厅印发《关于加强新时代网上信访工作的意见》，大力加强网上信访工作。作为工会信访系统而言，畅通诉求通道，着力构建工会“互联网+”信访新模式，建立健全网、电、信、访“四位一体”的信访渠道还需付诸努力。各级工会应当引导职工更多地变“走访”为“网访”。

北京市总工会在门户网站、“12351”职工服务热线网站上均设立了信访窗口。山东省总工会整合分散在各市、县工会的职工热线资源，建起全省集中统一、覆盖广泛、上下贯通的“12351”职工热线平台，负责职工来电事项的受理等工作，组织专业化工作团队，为职工提供全年365天、7×24小时实时在线服务。广东省总工会打造了工会主席热线和工会主席信箱、工会官方微博、“12351”维权热线、“工人在线”网络问政平台、网络舆情日报“五位一体”的职工诉求渠道体系。山西省总工会在部分企业工会开启了“微信访”服务。河北省总工会依托省级信访信息系统，构建了横向联系省直各部门、纵向贯通市、县级工会的网上信访大格局。福建省总工会搭建了“福建省工会综合信息服务平台”，开通信访管理网络模块，指导市、县级总工会开展网上信访工作。青海等省（区、市）总工会邀请律师、心理咨询师进入工会信访QQ群、微信群，借助“互联网+”对工会信访工作进行有益补充，网上信访作为职工信访主渠道的作用正日益凸显。但从全国范围来看，工会系统“网上信访”还没有全面铺开，真正实现“互联网+信访”，“让数据多跑路、群众少跑腿”，变“走访”为“网访”，将网上信访变成职工反映诉求的主渠道还需要主动发力，迎头赶上。

（五）以构建工会信访工作大格局抓实工作

工会信访不仅仅是工会信访工作部门的工作，更是各级工会组织及职能部门要共同抓好的一项重要工作，需要从四个方面把握。

1. 联系上下。

加强全国总工会与地方工会之间的沟通与联系。既要明确各级工会的职责，落实责任，充分调动每一级工会的主动性和积极性，又要分工协作、密切配合，形成上下互动的工作局面。在这个方面，全国总工会有两个抓手。

第一个抓手是工会领导干部接访。2012 年，全国总工会出台《关于深入推进工会领导干部接待职工群众来访的意见》，对各级工会领导干部接访工作进行规范。从参与主体上来把握，就是通过工会领导干部接访下访，带动各级工会积极参与到解决职工关切的问题上来，形成“领导亲自抓、大家一起做”的局面。工会领导干部接访的意义在于树立一种导向，事实上工会领导干部也不可能代替基层工会包打天下，还是应该强调“属地管理、分级负责，谁主管、谁负责”，把问题解决在基层和属地；从控源治本上来把握，就是要通过工会领导接访下访，不仅压实解决问题的责任，切实推动“事要解决”，还要压实源头预防的责任，防止和减少信访问题的发生。

第二个抓手是工会信访事项交办制度。全国总工会办公厅于 2011 年 12 月 24 日印发了《工会信访事项交办制度》，对工会系统信访事项的交办范围、方式、办理、办结、审核、督办等程序作出明确规定，压实了省级工会信访部门和有权处理信访事项的责任单位的属地责任。各省（区、市）总工会也高度重视，认真贯彻落实《工会信访事项交办制度》，转发或制定了本省的工会信访事项交办制度，从而形成一级抓一级、层层抓落实的工会信访事项交办工作合力，依法、及时解决职工群众合法诉求，推动“事要解决”，促进了职工队伍和社会和谐稳定。

2. 沟通左右。

加强工会信访部门与职能部门、产业工会等单位之间的沟通与联系。既要明确各单位的职责，落实责任，充分调动每一个职责主体的主动性和积极性，又要分工协作、密切配合，有效整合工会内部各方面的力量，逐步把工会信访部门、职工维权热线、困难职工帮扶中心、法律援助中心等工会职能部门及产业工会有关信访方面的工作有机结合起来，共同推动职工信访工作的开展。在这个方面，全国总工会有两个抓手。

第一个抓手是创新职工维权体系。工会信访工作与困难职工帮扶、职工法律援助等工作有机结合起来，方能形成推动工作的强大合力。实践中，一些基层工会依托困难职工帮扶中心，把信访工作纳入工会帮扶维权体系统筹推进，构建了集困难职工帮扶、劳动争议调解、农民工维权、职工法律援助功能于一身的“四位一体”的帮扶维权体系，取得了良好效果，得到了中央领导同志的充分肯定和职工群众的欢迎。

第二个抓手是机关干部到信访岗位培养锻炼制度。2012 年全国总工会机关制定并实施《定期选派机关干部到信访岗位培养锻炼暂行办法》，定期选派机关干部到信访岗位培养锻炼，实现了工会信访部门与其他业务部门的良性互动，激发了工会信访工作活力。截至 2022 年底，全国总工会机关共有 49 批 98 名干部到信访岗位培养锻炼。下一步，全国总工会将指导地方各级工会建立健全机关干部到信访岗位锻炼制度，使信访部门成为干部特别是后备干部和青年干部了解社情民意、熟悉群众工作、增强宗旨意识、提高解决复杂问题能力的重要平台。

3. 协调内外。

加强工会与人社、司法、公安等党政职能部门之间的沟通与联系，构建党委领导、政府支持、工会运作、各方配合的职工信访维权工作格局。在这个方面，有两个抓手。

第一个抓手是工会与同级政府联席会议机制。联席会议是政府与工会为促进经济社会发展、构建和谐劳动关系、维护职工合法权益、协商解决共同关注的重大事项和问题而召开的专门会议。联席会议制度是工会充分发挥党和政府联系职工群众的桥梁纽带作用、国家政权的重要社会支柱作用和职工利益代表者作用的重要制度安排，是保护和调动职工群众积极性创造性、促进科学发展的有力举措。充分发挥联席会议作用，与政府互通情况，共同研究、协商解决涉及本地职工群众队伍稳定等方面的重大问题，对维护职工合法权益具有重要意义。

第二个抓手是人大、政府、政协开展的执法检查、视察调研和提案征集活动。参与人大立法，从制度和源头上保障和发展职工利益；参与政协协商和多形式、多层次的民主协商；参与法律监督检查，督促有关部门依法查处侵犯职工合法权益的行为。比如，工会每年都参与农民工工资支付情况专项检查、企业安全生产执法检查、工会系统人大代表和工会界别政协委员议案提案征集，从源头上维护职工合法权益。

4. 抓好责任落实。

贯彻落实好党的十八大以来党中央关于加强和改进人民信访工作的一系列法规、制度、文件。党的十八届六中全会审议通过的《关于新形势下党内政治生活的若干准则》、《中国共产党党内监督条例》对党员领导干部抓好信访工作提出了明确要求。2016 年 10 月，中共中央办公厅、国务院办公厅下发《信访工作责任制实施办法》，对新形势下加强信访工作提出了明确要求。抓紧《信访工作责任制实施办法》在工会组织系统的落实，是做好工会信访工作的重要抓手。

党的十八届六中全会通过的《中国共产党党内监督条例》第二十九条提出，认真处理信访举报，做好问题线索分类处置，早发现早报告，对社会反映突出、群众评价较差的领导干部情况及时报告，对重要检举事项应当集体研究。定期分析研判信访举报情况，对信访反映的典型性、普遍性问题提出有针对性的处置意见，督促信访举报比较集中的地方和部门查找分析原因并认真整改。这要求信访工作部门加强对信访信息的定期分析研判，为领导决策提供参考。全会通过的《关于新形势下党内政治生活的若干准则》提出，坚持领导干部调查研究、定期接待群众来访、同干部群众谈心、群众满意度测评等制度。这要求各级领导干部坚持定期接待群众来访的制度，各级工会领导干部更应主动作为，定期接待职工来访，千方百计为职工解难事，办好事。

2019年，全国总工会制定《工会信访工作责任制实施办法》，完善体制机制，推动解决职工群众合理诉求，把服务职工的工作做得更实，为工会组织“职工之家”的形象增光添彩，不忘初心，在服务职工群众的征程上书写新的华丽篇章。2022年，全国总工会制定《全国工会实施〈信访工作条例〉办法》和《中华全国总工会关于加强新时代工会网上信访工作的意见》、《中华全国总工会关于加强工会信访干部队伍建设和信访保障工作的意见》，不断提升工会信访工作法治化、规范化水平。

第二节　工会信访工作法治化

一、信访工作法治化的意义

党的十八大和十八届三中、四中全会，党的十九大和十九届四中、五中全会，党的二十大都对信访工作进行战略擘画、作出战略部署，提出“建立健全党和政府主导的维护群众权益机制”，要求“改革信访工作制度，实行网上受理信访制度”，强调“把信访纳入法治化轨道，保障合理合法诉求依照法律规定和程序就能得到合理合法的结果”等。在党的十九届六中全会上，首次把“坚持和发展新时代‘枫桥经验’，坚持系统治理、依法治理、综合治理、源头治理，完善信访制度，健全社会矛盾纠纷多元预防调处化解综合机制”写入党的重大决议，彰显了信访制度在中国特色社会主义制度体系中不可或缺的重要地位。党的二十大强调“加强和改进人民信访工作”的明确要求，提出了“完善社会治理体系”，“完善正确处理新形势下人民内部矛盾机制”，“畅通和规范群众诉求表达、利益协调、权益保障通道”，“着力解决好人民群众急难愁盼问题”等一系列目标任务。党中央作出的这一重大决策部署，抓住了信访工作的关键，明确了信访工作制度改革的方向，是做好新时代信访工作的基本遵循。信访工作制度是中国特色社会主义民主制度的有益补充，应从政治和全局的高度认识信访工作的本质属性和发展要求，坚定做好工作的制度自信，增强深化信访工作制度改革的行动自觉，充分认识信访工作法治化的重要意义。

（一）深化信访工作制度改革需要法治定向

党的十八届三中全会通过的《中共中央关于全面深化改革若干重大问题的决定》提出，“改革信访工作制度，实行网上受理信访制度，健全及时就地解决群众合理诉求机制。把涉法涉诉信访纳入法治轨道解决，建立涉法涉诉信访依法终结制度”，明确了信访工作制度改革的要求和重点。党的十八届四中全会从法治高度，明确了信访工作制度改革的方向是“把信访纳入法治化轨道”。《信访工作条例》进一步明确“将信访纳入法治化轨道，依法维护群众权益、规范信访秩序”。我们要把改革精神和法治精神统一起来，从推进国家治理体系和治理能力现代化的大局高度来把握，从创新有效预防和化解社会矛盾、维护群众合法权益体制机制的实践深层来突破，推动信访工作创新发展。

（二）攻克信访工作制度改革难点需要法治破题

当前，群众通过信访渠道反映问题的意愿仍很强烈，“信访不信法”、“信上不信下”等现象依然存在，信访工作中存在的外延过大、工作失范以及一些涉及体制机制的深层次问题，制约着信访工作职能作用的有效发挥。必须善于用法治思维来审视当前的信访工作，处理好维权与维稳的关系；用法治思维来分析引发信访问题的深层次原因，处理好治标与治本的关系；用法治思维来明晰信访工作职责，处理好信访部门与责任主体的关系，努力构建高效规范、和谐有序的信访工作新格局。

（三）检验信访工作制度改革成效需要法治衡量

信访工作制度改革成功与否，要看信访工作是否在法治化轨道上运行。具体而言，就是以法治为衡量尺度，检视开展信访工作是否于法有据，解决问题是否依法依规，群众表达诉求是否依法有序，群众合法权益是否得到依法维护。通过一以贯之地厉行法治，培育依法信访的法治观念和法治信仰，形成有利于做好信访工作的法治风尚和法治环境。

二、以法治方式解决信访事项

信访工作是维护群众合法权益的重要渠道。只有在法治轨道上运用法治方式解决职工信访突出问题，才能充分发挥好职能作用。

（一）严格实行诉访分离制度

《信访工作条例》明确“各级机关、单位应当按照诉讼与信访分离制度要求，将涉及民事、行政、刑事等诉讼权利救济的信访事项从普通信访体制中分离出来，由有关政法部门依法处理”。实行诉讼与信访分离，有利于维护国家的法律权威和法治生态，有利于积极、稳定、可持续地保障群众合法权益，有利于信访工作的健康有序发展。对此，信访部门要积极支持政法机关依法处理涉法涉诉信访问题，尊重政法机关依法作出的结论；在党委和政府统一领导下，及时了解掌握有关社会动态和社情民意，与有关职能部门一起做好教育疏导、帮扶救助和矛盾化解等工作。

（二）严格贯彻法定救济规则

通过诉讼、仲裁、行政复议等法律途径解决群众诉求，对于落实有权处理信访问题责任主体的责任、加强国家机关的层级监督、释放体制内纠错的良好效应以及引导群众养成尊法守法意识等，都具有重要意义。对群众反映的问题，有关职能部门应按照职责范围梳理甄别，确定解决诉求的责任“归属”、时限承诺等，细化解决诉求的工作流程，明确解决诉求的职责清单，让群众知道“谁来办”、“怎么办”。对应当通过法定途径解决的，应告知信访人依照有关法律、行政法规规定程序向有关机关提出；对属于本级人民政府或者其工作部门处理决定的信访事项，受理后要及时转送并督促有权处理的行政机关妥善解决群众合理诉求。

（三）严格依法维护群众权益

按“群众诉求合理的解决问题到位、诉求无理的思想教育到位、生活困难的帮扶救助到位、行为违法的依法处理”的要求，推动责任主体认真负责地解决群众诉求。注重分类研究群体性利益矛盾，属于法规政策不落实的，加大督查力度，确保落实到位；属于诉求不合理、不合法的，做好政策解释和思想疏导工作，打消其不切实际的预期。同时，组织动员社会力量参与，不断完善党代表、人大代表、政协委员联系群众制度，充分发挥人民团体和社会组织的积极作用，建立健全律师、心理咨询师等专业人员承担公益性服务的保障机制，推动化解疑难复杂信访问题。

（四）建立法律政策与化解矛盾的良性互动

当前，大量社会矛盾通过信访渠道反映出来，利益诉求日趋多样化和复杂化，必须善于通过法治视角来研究和化解。以群众信访为“晴雨表”，充分利用“信访大数据”，围绕党委政府重大决策、重点工作，研究提出完善政策、改进工作的意见和建议。通过解决一个信访问题，举一反三，深入研究“立改废释”的措施，利用政策法律推动信访问题成批解决。对于过时的政策法规，及时清理废止；对于不完善、不连续、不衔接的政策法规，进行研究调整；对于准备出台的新政策，进行严格的合法性审查。

三、以法治意识引导群众表达诉求

诉求表达是宪法和法律赋予公民的基本权利。公民意识和法治意识的统一反映在信访工作领域，就是职工群众通过信访方式表达诉求，必须在法治轨道上、法治框架内、法定渠道中进行。

（一）畅通和拓宽诉求表达渠道

优化民生热线、绿色邮政、视频接访、信访代理等传统信访渠道，构筑网上信访新平台，搭建起群众反映诉求的“信、访、网、电”多元化、立体式信访渠道，让群众切身感受到维护权益途径更加便捷有效。推进领导干部定期接访下访和部门联合接访制度化、常态化，整合资源、汇聚力量，推动化解疑难复杂信访问题和信访积案，提高依法解决问题的质量和效率。

（二）落实和压实依法逐级走访

《信访工作条例》对逐级走访有明确规定。这是严格办理责任、提高信访效率、建立信访秩序和降低信访成本的集中体现，也是依法信访的重要环节。对采取走访方式的信访群众，应引导其到依法有权处理的本级或上一级机关设立或指定的接待场所表达诉求、主张权利，压实各级行政机关履行程序性、实体性办理责任，推动来访事项在应有层级得到有效解决，树立基层更直接、更及时解决问题的工作导向。对工作敷衍塞责、推诿扯皮、弄虚作假而造成群众越级走访甚至酿成极端事件的，要依据信访工作纪律处分相关法规，落实“谁制造问题、谁承担责任、谁受到追究”的问责机制。

（三）加强和改进信访行为引导

综合运用传统媒体和新媒体手段，深入宣讲、解读信访法律法规和信访知识。采用群众喜闻乐见的语言，讲述身边信访故事；运用以案说法等方式，引导群众正确认识信访权利和实现权益的途径，提高群众尊法、守法、用法的意识。对那些以反映诉求为名聚集滋事、扰乱秩序等违法行为，要按相关法律规定严肃处理，坚决防止形成“大闹大解决、小闹小解决、不闹不解决”的错误导向。

四、推进工会信访工作法治化建设的途径

《信访工作条例》为实现信访工作法治化提供了基本遵循。把信访纳入法治化轨道，需要密织法律之网，强化法治之力，充分依靠健全完善的信访法律制度体系。必须在信访工作中立规矩、讲规矩、守规矩，明确信访工作职能定位，全面推进“阳光信访”，解决职责不清、工作随意、办理不透明、效率不高等问题，形成与时代特征、法治要求、群众期待同频共振的信访工作新格局。

（一）推进工会信访法治化，必须坚持落实访诉分离

必须坚决支持和配合政法机关依法处理涉法涉诉信访问题，对涉及民商事、行政、刑事等诉讼权利救济的信访事项坚决不予受理，引导到政法机关解决，引导办事依法、遇事找法、解决问题用法、化解矛盾靠法的法治环境形成。

（二）推进工会信访法治化，必须落实分类处理诉求清单

全国总工会制定了分类梳理工会领域处理信访投诉请求法

定途径清单，各级工会信访部门一定要严格按照清单规定，积极引导群众通过法定途径解决职工信访问题。

（三）推进工会信访法治化，必须强化信访行为引导，依法治理闹访

诉求表达是宪法和法律赋予公民的基本权利，职工通过信访渠道反映问题的意愿强烈。但通过信访的方式表达诉求，必须在法治轨道上、法治框架内、法定渠道中进行。针对“信访不信法”、“信上不信下”等现象，必须加大法治宣传教育和依法治理闹访的力度，采取职工喜闻乐见的语言和形式，运用以案说法等方式，引导职工正确认识信访权利和实现权益的途径，提高职工尊法守法的意识。

（四）推进工会信访法治化，必须突出工会法律援助特色

工会法律援助已经成为工会主动依法维权的主要抓手。近年来，各级工会主动加强与司法行政部门、律师协会的协调配合，在接访场所普遍设立了专门的法律援助窗口，通过工会购买法律服务的方式聘请律师担任专兼职法律援助工作者，为劳动权益受到侵害的困难职工和农民工提供法律咨询、代拟法律文书、代理诉讼、参与调解仲裁等法律援助，基本实现困难职工、农民工申请工会援助的劳动侵权案件“应援尽援”。广东省总工会向社会购买法律服务、聘请律师事务所律师成立的“千人律师团”，湖北省总工会设立的职工法律服务团就是很好的例子。全国总工会机关还探索建立了机关法律服务志愿者接待职工来访制度，每周安排一名公职律师和一名非律师志愿者到职工信访接待室为来访职工提供法律咨询，协助依法处理和妥善化解上访职工的涉法涉诉问题，并委派公职律师陪同全国总工会领导接待来访职工，依法提出参考性意见，有效推动了工会信访工作法治化。此外，全国总工会开通了“中国工会普法”微博，设置“法治资讯”、“今日说法”、“案例选登”、

“情况交流”、“热点关注”等栏目，传播法律知识、倾听职工诉求，引导广大职工“尊法、学法、守法、用法”，主动依法科学维权。

第三节　工会信访工作信息化

当前，大数据、物联网、人工智能等新科技已成为引领新一轮科技革命风向标，也成为抢占未来发展先机的新赛场。现代科技向经济社会领域深入渗透融合，极大提升了人类探索未知、塑造未来的能力，也为信访工作创新带来了前所未有的机遇。为贯彻落实党的十八大、十八届三中全会精神和中共中央办公厅、国务院办公厅印发的《关于创新群众工作方法解决信访突出问题的意见》文件精神，积极适应创新社会治理体制的新要求，不断满足人民群众对改进信访工作的新期待，以信息化建设和应用为突破口，推动信访工作效能水平和公信力的全面提升，国家信访局制发了《关于推进信访工作信息化建设的意见》，对于做好工会信访工作信息化建设具有指导意义。各级工会要认真学习中央和全国总工会文件精神，加快信访工作信息化建设，提供必要的人力、物力、财力支持，推动网上信访成为职工反映信访诉求的主渠道。

一、信访工作信息化建设的总体要求

（一）指导思想

坚持以习近平新时代中国特色社会主义思想为指导，以改革为动力，以解决群众合理合法利益诉求为核心，坚持服务大局、服务改革、服务群众、服务基层，把信息化作为提升信访工作公信力的重要途径，作为推动信访工作规范化的重要抓手，作为带动信访工作制度改革的重要载体，加快推动现代信息技

术支撑业务流、信息流、管理流的有机融合，为信访工作创新发展提供支持，有力促进信访工作公开透明高效，打造“阳光信访”。

（二）基本原则

信访工作信息化建设是一项系统工程，必须坚持建设与管理并重，尊重工作规律，把握基本原则：要坚持统一领导、统一规划、统一标准，严格遵循经过科学论证制订的建设方案，严格按照规定的技术体制和管理办法，在整合现有设备和系统的基础上认真组织实施，防止各行其是、相互封闭、重复建设。要坚持条块结合，正确处理条块关系，在工作要求和业务标准上以条为主，在系统建设和运行管理上以块为主，既要满足资源整合、信息共享、互联互通的要求，又要满足属地业务管理应用的需求。

（三）总体目标

当前和今后一个时期，加快推进信访工作信息化建设的总体目标是：依托互联网建设一个全国统一的网上信访信息系统，进一步畅通和拓宽群众诉求表达渠道，规范信访事项受理办理程序，接受社会监督，推动相关地方和单位落实工作责任，维护正常信访秩序，形成加强和改进信访工作的良性循环。具体要做到“三化”：一是业务流程标准化。把《信访工作条例》规定的程序要求和工作职责，在系统中固化规范，实现法规流程的信息化再造。二是处理过程透明化。依托全国网上信访信息系统，实现信访事项网上流转、网上处理，处理环节、进展和结果公开透明，方便群众查询评价，接受社会监督。三是统计分析智能化。实现信息数据的自动采集、汇总和分析，提高信访数据深度运用的水平。

二、深化信访工作信息化应用

（一）进一步扩大应用的覆盖范围

把来信、来访、来电、网上投诉等不同形式反映的信访事项，纳入网上信访信息系统统一流转，实现对所有信访形式的全覆盖；把受理办理、交办转送、复查复核、督查督办、统计分析、考核评估等信访业务的各个环节，纳入网上信访信息系统统一管理，实现对整个工作过程的全覆盖；把各个层级有权处理信访事项责任部门的信访工作，纳入网上信访信息系统统一运行，实现对工作范围的全覆盖。

（二）进一步提升整体工作效能

利用网上信访信息系统，将信访业务工作流程进行数字化运转，实现全过程的跟踪、问效和查究。坚持让群众少跑路、让数据多跑腿，优化网上信访工作流程，进一步缩短办理周期，提高工作效率，最大限度地降低群众的信访成本。对信访事项办理的时限要求实行届时提醒，对信访工作程序性规定实行过程跟踪，对群众不满意的信访事项实行网上督查，对信访数据实行分类识别统计，对及时受理率、按期办理率、群众满意率等实行即时监测，推动及时就地解决问题。

（三）进一步强化社会监督评价

把网上公开作为基本形式，完善信访信息发布制度，加大信访工作政策解读力度，公开信访规程规范，以公开促公正、以透明保公信。公开信访事项处理过程和办理结果，让群众清楚去向、了解过程、知道结果、进行评价；创新形式和载体，通过互联网、手机短信、电子触摸屏等方式，让群众看得见、查得到、评得了，保障群众的知情权和监督权。发挥信息化优势，探索引入第三方评价机制，对有权处理信访事项的责任部门和信访人实行双向评判，扩大社会监督的广度和深度。借助各种媒体多渠道、多方式地广泛宣传信访工作信息化的新举措、新进展、新成效，主动引导舆论，传递正能量，争取社会认同、群众支持。

（四）进一步提高分析研判水平

依托网上信访信息系统，建立智能化、数字化、图表化的数据分析模型，深入开发信访数据资源，通过数据自动采集、归类汇总、统计分析，从定性、定量两个层面，及时研判信访形势、了解群众诉求、排查矛盾纠纷、评估工作实效、预测趋势走向，向党委、政府及有关部门提出有针对性、预见性和建设性的意见建议，提升信访部门服务决策的能力和水平。

三、加强信访工作信息化建设的组织领导

（一）强化领导责任

各级工会信访部门要把信息化建设作为改革信访工作制度的重要内容，切实加强领导，统筹谋划，精心组织实施。主要领导同志要亲自研究、亲自部署、亲自抓落实，积极争取地方各级党委、政府的重视和支持。

（二）落实工作任务

各级工会信访部门根据确定的工作目标和阶段性建设任务，研究制订具体的实施方案并组织实施。省级总工会在做好本级信息化建设的同时，要统筹谋划、组织和指导辖区内的信息化建设工作，确保各项任务落实到位。

（三）充实专门力量

各级工会信访部门要选派大局观和责任心强，熟悉信访业务，精通信息技术的同志具体负责这项工作，努力培养信息化建设和应用的骨干队伍，确保工作有人管、系统会使用，不断

提高运用信息化手段做好工作的能力和水平。

（四）抓好督导检查

各级工会信访部门要加大督查工作力度，及时掌握工作进展情况，统筹协调解决困难和问题，督促整改薄弱环节，促进整体工作平衡发展，确保信息化建设扎实有序推进。

四、全国总工会信访工作信息化情况

当前，互联网和新媒体快速发展，从根本上改变了传统的信息传播格局、社会舆论生态和公众参与方式。工会信访工作必须积极回应职工对知情权、参与权、表达权、监督权的关切，既要使职工能记住有困难找工会，又要使职工更方便快捷地找到工会、推动问题更快更好地解决。国家信访局积极贯彻落实国务院制定的《关于积极推进“互联网+”行动的指导意见》，增强“互联网+信访”意识，搭建起了集投诉、办理、查询、跟踪、监督、评价等于一体的全国网上信访平台，全面推行开放、动态、透明、便民的“阳光信访”新模式，真正让数据多跑路、群众少跑腿，极大地方便了信访群众。

2020年11月，经全国总工会书记会议审议通过，启动全国工会信访工作信息平台建设。信息平台一期建设的主要内容是初步整合工会信访系统数据信息资源，建设包含全国总工会本级信访登记办理、工会信访系统数据信息报送、工作指导部署和数据分析展示等功能的内部网上工作平台。与各省（区、市）总工会信访部门互联，逐步与国家信访局信息系统互联。信息平台具备可扩展性，为以后开通网上信访受理平台、手机客户端等留有可扩展空间。到2022年，信息平台已开发完成并正式上线试运行，全国总工会实现同省级总工会互联互通，转交办信访事项实现网上流转，真正做到了“数据多跑路，职工少跑腿”。各级工会根据党中央部署和全国总工会要求，适应网络时代新形势，积极探索构建网下办理、网上流转的网上信访工作机制，方便了职工信访，节约了职工信访成本，得到了广大职工的普遍好评。

工会网上信访作为工会工作的重要组成部分之一，已经被列入全国工会网上工作重要内容。《全国工会网络安全和信息化“十四五”规划（2021—2025年）》提出的总体目标是：到2025年，工会网络安全和信息化示范带动作用显著增强，数字引领工会工作高质量发展取得显著成效，工会工作科学化、精细化、智能化水平显著提升。按照“一年出框架、两年成体系、三年高质量、五年大发展”的推进思路，工会网络安全和信息化工程总体分为二期建设，其中一期自2021年10月至2022年底；二期自2023年1月至2025年底。加强工会信访工作信息化建设，也被纳入全国工会网络安全和信息化“十四五”规划之中，作为一项重要工作予以大力推进。主要需要做好以下几个方面工作。

（一）加强组织领导，强化统筹协调

加强对工会网上工作的组织领导，将网上工作摆上重要议事日程，各级工会要成立本级网络安全和信息化领导小组，由主要负责同志担任组长，成立网络工作部门或明确专门机构负责工会网上工作，建立网上工作部门协调机制，结合实际制订具体实施方案，细化分解目标任务，明确职责分工，完善协调发展和推进机制，确保各项任务落实到位。加强工会系统上下之间、横向之间的联系协调，上下联动，整体推进，形成工作合力。

（二）加强政策支持，加大资金投入

加大人力、财力、物力投入，配强与业务发展相适应的工作力量，将工作经费纳入本级工会预算，积极争取国家资金扶持，利用国家基础网络设施和信息资源，支持互联网创新成果在工会工作各领域的广泛应用。加强资金使用管理和监督，提高资金使用效率。

（三）加强能力建设，壮大人才队伍

完善人才培养、选拔、引进、使用、评价、激励机制，加快建设一支政治强、业务精、作风好、适应工会网上工作发展需要的人才队伍。加强与包括社会组织在内的专业机构联系，通过项目招聘、购买服务等方式，吸引社会工作人才、专家学者、专业技术团队等力量参与工会网上工作，把人才资源汇聚起来，接长工会工作手臂，构建社会化、市场化、开放型的工会网上工作新格局。

（四）加强宣传引导，强化教育培训

深入研究“互联网+”发展趋势，及时总结各级工会实施“互联网+”行动的新思路、新做法、新模式，形成可复制、可推广的经验成果，引导“互联网+”工会全面发展。创新宣传方式，大力宣传“互联网+”工会工作的先进典型，营造有利于推进工会网上工作的舆论氛围。加强互联网理论和实务培训，把知网、懂网、建网、用网作为能力建设的重要内容，列入工会干部教育培训课程，引导各级工会干部特别是领导干部树立互联网思维，提高运用互联网开展工作的能力。

（五）加强考核管理，完善机制制度

建立健全考核评价机制，制定量化评估指标，接受广大职工和社会各界的监督，加强第三方评估督查与绩效评价，加大对工作流程规范、工作实效的管理和跟踪，形成职责明晰、积极作为、协调有力、长效管用的考核评价制度。建立工作通报机制，定期通报各级工会网上工作进展情况，确保各项任务落到实处。

第四节　工会信访工作专业化

一、工会信访工作专业化的意义

（一）工会信访工作专业化是学习贯彻党的二十大精神的必然要求

党的二十大是在全党全国各族人民迈上全面建设社会主义现代化国家新征程、向第二个百年奋斗目标进军的关键时刻召开的一次十分重要的大会。大会通过的关于十九届中央委员会报告的决议、关于十九届中央纪律检查委员会工作报告的决议、关于《中国共产党章程（修正案）》的决议，为全面建设社会主义现代化国家、全面推进中华民族伟大复兴指明了前进方向。特别是习近平总书记所作的工作报告，全面总结了过去五年的工作和新时代十年的伟大变革，系统阐释了新时代坚持和发展中国特色社会主义的一系列重大理论和实践问题，进一步明确了未来一个时期党和国家事业发展的大政方针和行动纲领。作为党和国家事业的重要组成部分，做好新时代工会信访工作，必须坚持观大势、谋全局，牢记党的二十大对信访工作提出的新任务新要求，进一步加强党对工会信访工作的全面领导，积极构建科学完备的领导体制、工作格局、责任体系，畅通和规范职工群众诉求表达、利益协调、权益保障通道，健全完善矛盾风险排查预警、源头多元协调化解、突发情况应急处置制度机制，统筹推进工会信访部门自身建设，夯实基层工会信访工作基础，努力打造专业化高素质的工会信访干部队伍，切实履行好为民解难、为党分忧的政治责任，更好地为党和国家各项事业服务、为广大职工群众服务。

（二）工会信访工作专业化是学习贯彻习近平总书记重要指示批示精神的有力举措

根据习近平总书记关于工人阶级和工会工作的重要论述，我国工人运动的时代主题，是为实现中华民族伟大复兴的中国梦而奋斗。工会要牢牢抓住这个主题，把推动科学发展、实现稳中求进作为发挥作用的主战场，把做好新形势下职工群众工作、调动职工群众积极性和创造性作为中心任务，把巩固党执政的阶级基础和群众基础作为政治责任，竭诚为职工群众服务，切实维护职工群众权益，不断焕发工会组织的生机活力。习近平总书记关于加强和改进人民信访工作的重要思想强调，要下大气力处理好信访突出问题，把群众合理合法的利益诉求解决好，加强风险研判，加强源头治理，努力将矛盾化解在基层、化解在萌芽状态，避免小问题拖成大问题，避免一般性问题演变成信访突出问题。各级工会必须深刻领会习近平总书记的重要论述和重要思想，牢牢把握我国工人运动的时代主题，把服务职工群众的信访工作做细做实。通过扎扎实实的工作为职工群众做好事、办实事、解难事，不断促进社会公平正义，让职工群众真正感受到工会是“职工之家”，工会干部是最可信赖的“娘家人”，切实保持和增强政治性、先进性、群众性，不断提高工会组织的吸引力、凝聚力、战斗力。

（三）工会信访工作专业化是落实中央《信访工作条例》的应有之义

2022年，中共中央、国务院印发《信访工作条例》，要求信访工作联席会议及其办公室、党委和政府信访部门应当根据工作需要开展督查，就发现的问题向有关地方和部门进行反馈，重要问题向本级党委和政府报告。各级党委和政府督查部门应当将疑难复杂信访问题列入督查范围。各级党委和政府应当以依规、依法、及时、就地解决信访问题为导向，每年对信访工作情况进行考核。考核结果应当在适当范围内通报，并作为对领导班子和有关领导干部综合考核评价的重要参考。

中央要求各机关定期对本系统信访工作情况进行考核，要求每年对信访工作开展和信访工作责任落实情况组织一次专门督查，实际上也是对工会信访工作专业化提出的明确要求，各级工会要通过工会信访工作的督查和考核评价推动工会信访工作专业化建设。

贯彻好中央对信访工作的一系列决策部署，各级工会要认真落实全国总工会关于工会信访工作的文件要求，严格规范从受理到办结的信访工作全部流程和各个环节，下力气推动解决职工反映的信访突出问题，大力加强工会信访工作专业化建设。

二、工会信访工作专业化建设内容

各级工会要主动适应新形势、新任务、新要求，从以下几个方面下大力气抓好工会信访工作专业化建设。

（一）抓好工会信访工作制度的专业化

一是认真执行下发的规范性文件。全国总工会先后制定下发了一系列信访工作文件，这些文件是贯彻落实中央精神，做好工会信访工作的重要遵循，各级工会必须认真学习、切实在信访工作中加以落实，用制度规范推动工作的开展。

二是建立定期分析研判工作机制。对涉及职工信访的突出问题、影响职工队伍稳定的苗头性问题、可能引发大规模集体上访的倾向性问题，加强研究，提前制定应对措施，提高工作主动性。

三是建立解决特殊疑难信访问题联动工作机制。各级工会要加强与人社、司法等部门的工作联系，综合运用法律援助、帮扶、行政等手段和教育、协商、调解、疏导等办法，会商会诊职工特殊疑难信访问题。

（二）抓好职工信访事件办理程序的专业化

各级工会信访工作部门要严格按照《信访工作条例》、《全国工会实施〈信访工作条例〉办法》的有关要求，依照登记、受理、交办、转办、督办等程序办理职工上访事项，并突出做好以下工作。

一是重视初信初访办理。初信初访是信访事项的初发阶段，做好这一阶段工作，就能减少重信重访隐患，减少越级上访问题发生，避免小问题变成大问题、新问题变成老问题，这是信访工作的关键环节，必须高度重视。

二是严格规范信访行为。要规范信访人的信访活动。严格规范信访秩序，引导职工依法逐级走访，理性反映诉求。对不依法逐级走访的，明确不予或不再受理；对不到接待场所，而是到办公场所、公共场所缠访闹访，属于《条例》六项禁止性行为的，以及少数以闹求决、以访牟利的违法行为，由公安机关依法处理。

三是加强对重大职工信访事件的交办、督办。职工重大信访事件社会关注度高，对职工队伍的稳定影响大，要按照有关规定及时向下级工会交办。信访事项督查督办作为信访工作的重要环节，是《条例》赋予工会信访机构的工作职责，是工会信访部门督促、协调相关部门处理、化解信访事项综合能力的体现，对于化解社会矛盾，维护社会稳定，构建和谐社会具有重要意义。各级工会要依法依规如期完成督办事项，及时向上级工会提交有关职工信访事件办理结果报告。

（三）抓好职工诉求表达渠道的专业化

一是要切实用好“老渠道”。各级工会要完善“12351”职工维权热线、主席信箱、信访代理等做法，引导职工更多以书信、电话、传真、视频、电子邮件等形式表达诉求。各级工会要特别重视发挥“12351”职工维权热线这个渠道的重要作用。实践证明，自2004年工会职工维权热线运行以来，各级工会不断拓宽维权热线功能，整合工会内外资源，使之成为工会有效服务职工的良好平台。

二是积极开辟“新渠道”。要按照中央要求，加快推进工会信访信息化建设进程，积极推行网上信访工作，努力构建网下办理、网上流转的职工信访事项办理程序，实现接访、办信、督查督办等工作环节上网流转，力争把网上信访打造成职工信访的主要渠道，努力做到“让信息多跑腿，让职工少跑路”。

三是继续做好工会领导干部接访下访工作。按照全国总工会《关于深入推进工会领导干部接待职工群众来访的意见》，各级工会普遍建立了领导干部接访制度，并在实践中不断丰富完善，也探索出具有地方特色的经验做法。各级工会领导干部都要主动作为，以上率下，按照中央的要求履行好自己的信访工作责任，为职工群众解决实际问题。各地要在坚持工会领导干部定点接访的同时，更多地采取重点约访、专题接访、带案下访、下基层接访、领导包案等方式，把领导资源集中用于推动解决重大疑难复杂问题、推动完善劳动法律法规政策方面。

（四）抓好信访工作基础保障的专业化

一是健全工作机构。各省级工会要有部门负责工会信访工作，及时与全国总工会社会联络部进行工作对接。

二是规范接待场所。各级工会都要有相应的职工来访接待场所，职工接待室应当设施齐全、管理规范、面积适应工作需要，不能在信访干部办公室接待来访职工。接待室必须配备必要的安保设备，保证接待职工上访工作安全有序进行。

三是加大工作投入。切实保障信访部门必要的办公经费和处理信访事项的业务经费，进一步改善办公条件和职工来访接待场所，努力营造良好的工作环境。要保证信访工作干部工作津贴发放到位，及时发放信访加班补助，准备相应的信访工作应急资金，应对各种复杂局面，便于信访工作机构有效开展工作，维护社会大局稳定。

四是完善激励机制。关心爱护工会信访干部，采取有效措施帮助其解决实际困难和问题，为信访干部的成长进步创造条件。对政治素质好、业务能力强、业绩突出的，要搭平台、压担子，加大培养使用力度；对长期在信访岗位工作的，要以适当方式进行交流，使信访干部流动起来，让信访工作充满活力。

（五）抓好信访信息报送工作的专业化

习近平总书记关于加强和改进人民信访工作的重要思想强调，要把群众的来信来电看作一面“镜子”，通过它了解群众期盼，总结为政得失。职工来信来访来电的特点、总量和结构的变化，职工反映的主要问题等都包含大量的信息，运用信访大数据，加强综合分析和精准研判，注重从信访事项中发现带有普遍性、倾向性的问题，积极提出改进工作、完善政策的前瞻性意见和建议是促进工会信访工作上水平的有力抓手，也是提高工会信访干部调查研究、分析研判能力的有效途径。建立健全分析研判机制，对涉及职工群体利益的信访突出问题、影响职工队伍稳定的苗头性问题、可能引发大规模集体上访的倾向性问题，加强研究，采取月报、季报、年度报告等方式供领导决策参考，充分发挥工会信访工作的参谋助手作用。

（六）抓好工会信访干部队伍建设

一是保持坚定正确的政治方向。要引导广大工会信访干部学习领会习近平总书记关于工人阶级和工会工作的重要论述、关于加强和改进人民信访工作的重要思想以及最新重要指示精神，始终同以习近平同志为核心的党中央保持高度一致，始终保持工会信访工作正确政治方向。

二是抓好工会信访干部培训工作。各级工会要坚持通过举办工会信访干部培训班，编写工会信访工作手册、信访案例汇编等，着力提高工会信访干部把握政治方向、分析大局大势、研究工作规律的能力，开展群众工作、处理复杂问题、化解劳动关系矛盾的能力，着力强化改革意识和法治思维，不断提升工会信访干部的专业素养。

三是发挥信访岗位锻炼干部的重要作用。各级工会要把信访岗位作为服务职工的重要窗口，将信访部门作为培养锻炼干部的重要平台，选派一批政治坚定、作风优良、熟悉政策法规、群众工作经验丰富的干部到信访岗位工作，探索建立选派青年干部、后备干部、新提拔干部到信访部门锻炼制度。

思考题：

1. 如何认识新时代工会信访工作特点？
2. 如何推动工会信访工作专业化、法治化、信息化建设？
3. 如何创新工会信访工作？

参考文献

1. 习近平．习近平谈治国理政［M］．北京：外文出版社，2014.

2. 习近平．习近平谈治国理政（第二卷）［M］．北京：外文出版社，2017.

3. 习近平．习近平谈治国理政（第三卷）［M］．北京：外文出版社，2020.

4. 习近平．习近平谈治国理政（第四卷）［M］．北京：外文出版社，2022.

5. 中国共产党第十九次全国代表大会文件汇编［M］．北京：人民出版社，2017.

6. 本书编写组．党的十九大报告辅导读本［M］．北京：人民出版社，2017.

7. 本书编写组．党的十九大报告学习辅导百问［M］．北京：学习出版社，党建读物出版社，2017.

8. 本书编写组．中共中央关于党的百年奋斗重大成就和历史经验的决议辅导读本［M］．北京：人民出版社，2021.

9. 中国共产党第二十次全国代表大会文件汇编［M］．北京：人民出版社，2022.

10. 本书编写组．党的二十大报告学习辅导百问［M］．北京：学习出版社，党建读物出版社，2022.

11. 全国总工会社会联络部．工会信访工作实用手册［M］．北京：中国工人出版社，2017.

12. 王名．社会组织概论［M］. 北京：中国社会出版社，2010.

13. 王凯．信访制度与国外相关制度分析研究［M］. 北京：中国民主法制出版社，2013.

14. 张宗林，郑广淼．中国信访：新视角 新思维 新理念［M］. 北京：中国民主法制出版社，2013.

15. 周俊．社会组织管理［M］. 北京：中国人民大学出版社，2015.

16. 李璐等．社会组织参与社会管理研究［M］. 北京：中国计划出版社，2015.

后 记

《工会社会联络工作概论》是全国工会干部培训基础教材之一。

本次出版的《工会社会联络工作概论》是在2018年第一版基础上，由全国总工会社会联络部负责修订。参与修订工作的人员有：韩聪晓、李瑞、崔征（第一章），徐海珊（第二章、第三章、第四章），李孝海、袁满芳（第五章、第六章）。此外还得到了江苏省总工会王静、山东省莱西市总工会隋庆九同志的大力支持。黄飞、佟永春同志负责本书的核稿工作。全书由杨军日同志审阅定稿。

由于编者水平有限，本书难免存在不足和疏漏之处，诚恳地欢迎广大读者批评指正。

编　者

2023年3月